でも被害は出ますが、危険度が高いと示されている地域では、被害が集中的に発生するといえます。そこで、建物倒壊危険度の高い地域に住んだり働いている方は自宅や職場の建物の耐震診断を行い、必要なら耐震補強を行うこと、火災危険度の高い地域では建物の不燃化を進めることが重要です。そして、これらの地域では、避難が必要になる可能性が高いので、すぐできることとしては、ブロック塀をフェンスにしたり、放置自転車をなくすなど避難時に邪魔になるような状況を減らすことが大切です。

　もうひとつは、地震に遭ったときにどのように対処して身を守り、避難するかといった災害対応のための使い方です。自宅や会社が危険度の高い地域にある場合は、地域住民はもちろん地域の事業所の従業員も参加して「自主防災組織」を結成し、地震が発生した後にみんなで助け合って火を消したり、救出救助したり、避難したりして命を守るため、日頃から準備と訓練をしておきましょう。また、都内で外出時に被災することもあります。外出先からはどこに広域避難するのか、その近くにはどのような公的施設があるのかなども本書で事前に確認しておいてください。

6 大震災も一人一人が備えれば怖くない

　東京に住み、働き、楽しんでいる一人一人が地震に備えれば、また他人を助けるために備えていれば、必要以上に恐れることはありません。地震が起きても「誰かが助けてくれる」と一人一人が思ったそのときから、大災害はさらに悲惨な状況を作り出すでしょう。一人一人の「自助」なくして、地域や企業での「共助」もありません。行政からの「公助」も何十万人、何百万人もの一人一人には届けられないでしょう。

　まずは、電気や水道が止まっても3日間は生き延びられるように、準備をしておきましょう。これが「自助の第一歩」です。さらに、自分の家が壊れることによって、命を落としたり負傷しないようにしておきましょう。本書の「大地震完全対策マニュアル」では、地震災害時に自分の命を守るための知恵と情報が書かれていますので、十分活用してください。

2012年3月
中林一樹

大あなたのまちの東京危険度マップ

CONTENTS

- 2 **INDEX**
- 4 **マップの使い方／マップの見方**
- 6 　1 千代田区　2 中央区
- 　　3 港区　　　4 新宿区
- 　　5 文京区　　6 台東区
- 　　7 墨田区　　8 江東区
- 　　9 品川区　　10 目黒区
- 　　11 大田区　　12 世田谷区
- 　　13 渋谷区　　14 中野区
- 　　15 杉並区　　16 豊島区
- 　　17 北区　　　18 荒川区
- 　　19 板橋区　　20 練馬区
- 　　21 足立区　　22 葛飾区
- 　　23 江戸川区　24 多摩地域
- 54 **東京の地盤と液状化予測図**
- 56 **大きな被害が予測される木造住宅密集地域**

大地震完全対策マニュアル

- 59 地震時の身の安全の図り方／事前にできる身を守る住まいづくり
- 60 東京消防庁による「地震その時10のポイント」
- 62 大火災から命を守る広域避難
- 64 自宅以外で地震に遭ったら
- 66 命を守る応急対処法
- 67 家族みんなの防災チェック
- 68 **防災資料集**
  - 耐震診断・改修に関する窓口
  - 東京の防災学習・体験施設
  - 東京の防災関係機関
  - 家族みんなの防災メモ
  - 個人の防災カード

大地震
東京危険度
マップ
INDEX

このマップは東京で直下型地震が起こった際に、
建物倒壊の危険が高い地域、
火災の危険が高い地域を
東京都の調査データに基づいて、
町丁目ごとに色・パターン別で示したものです。

20 練馬区
15 杉並区
24 多摩地域
12 世田谷区
神奈川県

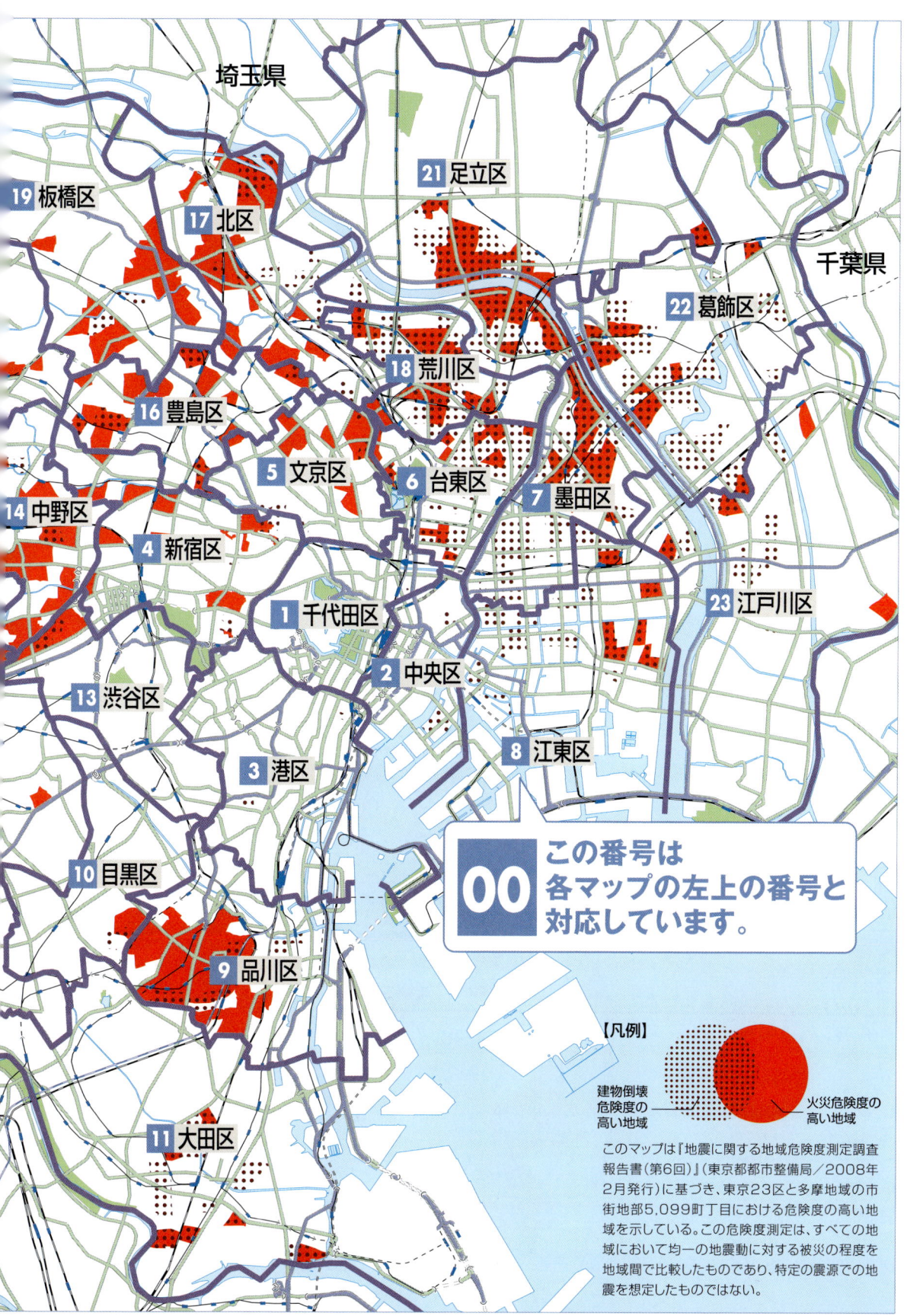

INDEX 3

マップの使い方

大地震への備えのひとつとして、このマップを使って避難のシミュレーションをしてみよう。

※避難方法は区市町村ごとに異なります。必ず住んでいる地域の防災担当課にお問い合わせください。

ステップ	説明
①自宅の場所に印をつける	住んでいる地域のページを開き、自宅の位置に印をつける。勤め先の地域のページを開き、以下同じようにチェックしよう。
②自宅とその周辺の危険を確認	マップの見方（▶P5）を参照して、自宅周辺の建物倒壊・火災危険度を確認する。
③一時(いっとき)集合場所を確認	震災時に、家族や近所の人と出会える一時集合場所（小中学校・近くの公園など）に印をつける。区市町村によっては場所が指定されていない。
④(広域)避難場所を確認	避難圏域に囲まれた、自宅を含むエリアの避難場所（都立公園・大学など）に印をつける。自宅が地区内残留地区にある場合、広域的な避難は不要。
⑤安全な避難ルートを設定	自宅から一時集合場所・避難場所までの避難ルートを設定する。避難道路があれば使い、狭い道や危険度の高いエリアは避ける。
⑥実際に歩いてみる	このマップを持ちながら⑤の避難ルートを歩き、避難するまでの距離・周辺の状況・避難場所の入口などを確認しておく。

◆自宅以外に普段よく行く場所（会社や学校など）でも、同様にシミュレーションしておくとよい。

多摩地域の場合 ▶ 住んでいる地域の危険度をマップで確認し、避難方法・一時集合場所・避難場所は市町村の防災担当課にお問い合わせください。

記号一覧

- 区市町村界（都県界を含む）
- JR
- 私鉄・モノレール
- 地下鉄
- 高速・有料道路
- 東京IC 高速IC・SA・PAなど
- 6 国道・主要都道・一般都道
- 一般道路
- 施設区域
- ◎ 都庁
- ◎ 区役所・市役所
- ○ 町村役場
- 官公署
- 税務署
- 裁判所
- ⊗ 警察署
- × 交番
- 消防署・消防分署
- 郵便局
- 病院
- 保健所
- 大学・短期大学
- 高校・高専
- 文 小・中学校・盲・聾・養護学校
- ホテル
- ∴ 史跡・名勝・天然記念物
- 神社
- 卍 寺院
- 城跡
- 発電所・変電所
- ☼ 工場
- 銭湯
- 墓地・陵墓
- 自衛隊
- 測候所
- 森林管理所
- ・ その他の注記

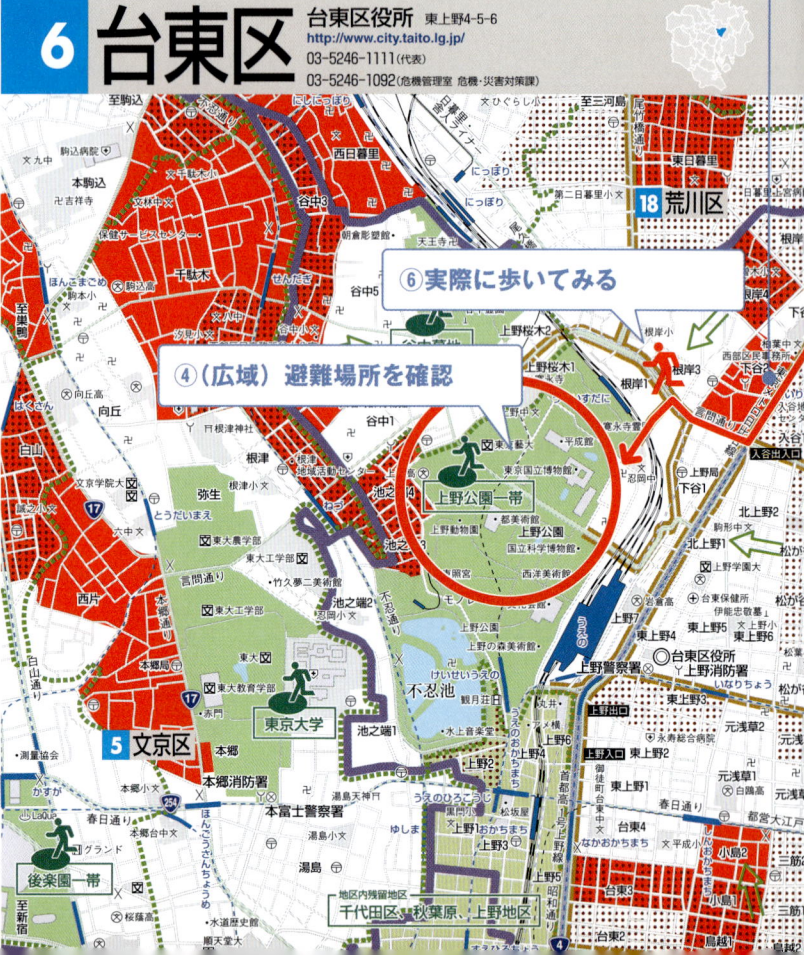

4 マップの使い方

マップの見方

23区・多摩地域共通

本書では『地震に関する地域危険度測定調査報告書(第6回)』の中で、危険度のランクが5段階中4および5とされる町丁目を「危険度の高い地域」として示している。

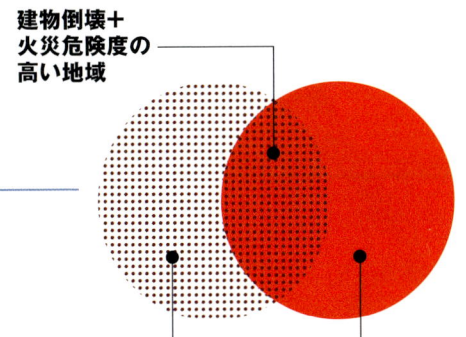

建物倒壊＋火災危険度の高い地域

建物倒壊危険度の高い地域
地震で建物が傾いたり倒れたりする危険性の度合いが高い地域。その地域にある建物の建築年次・構造・階数、地盤の質や種類、液状化の可能性などによって算出。

火災危険度の高い地域
火災の危険性の度合いが高い地域。ガスコンロ・化学薬品などの使用数や使用頻度による出火の起こりやすさと、木造建物の密集地など燃え広がりやすさによって算出。

23区のみ

避難場所
震災で火災が拡大し、身に危険が差し迫った場合に避難する場所。東京都が震災対策条例で指定。

避難圏域
ひとつの避難場所を使用する地域の範囲。

避難する方向
指定された避難場所への方向を示す。

避難道路
避難場所へできるだけ安全に移動するために、東京都が指定した道路。避難場所への距離が約3km以上の場合や、火災による延焼の危険が高い地域に指定されている。

地区内残留地域
市街地火災が拡大するおそれが少なく、広域的な避難の必要がないと想定される地区。

多摩地域のみ

(広域)避難場所
多摩地域の避難場所は、各市町村が独自の基準で設定。実際の避難場所は、各市町村に問い合わせること。

調査していない地域
地域危険度調査の対象外の地域(市街化調整区域)。

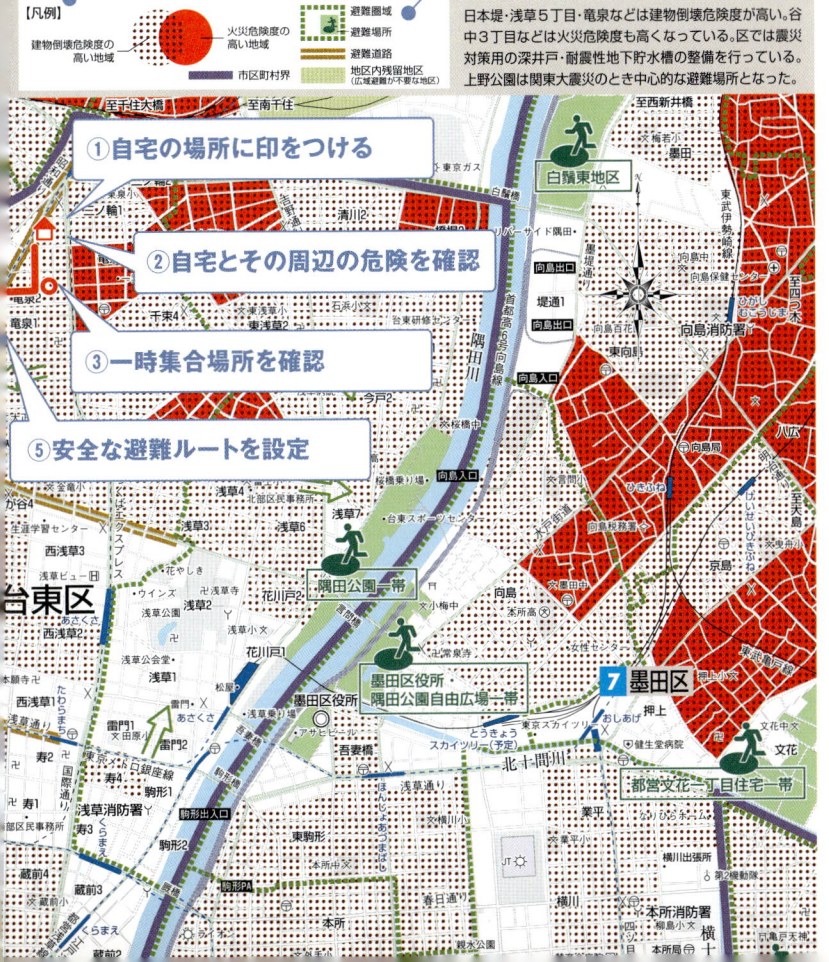

日本堤・浅草5丁目・竜泉などは建物倒壊危険度が高い。谷中3丁目などは火災危険度も高くなっている。区では震災対策用の深井戸・耐震性地下貯水槽の整備を行っている。上野公園は関東大震災のとき中心的な避難場所となった。

① 自宅の場所に印をつける
② 自宅とその周辺の危険を確認
③ 一時集合場所を確認
⑤ 安全な避難ルートを設定

1 千代田区

千代田区役所　九段南1-2-1
http://www.city.chiyoda.lg.jp/
03-3264-2111（代表）
03-5211-4187（環境安全部 防災課）

2 中央区

中央区役所 築地1-1-1
http://www.city.chuo.lg.jp/
03-3543-0211（代表）
03-3546-5510（総務部 防災課普及係）

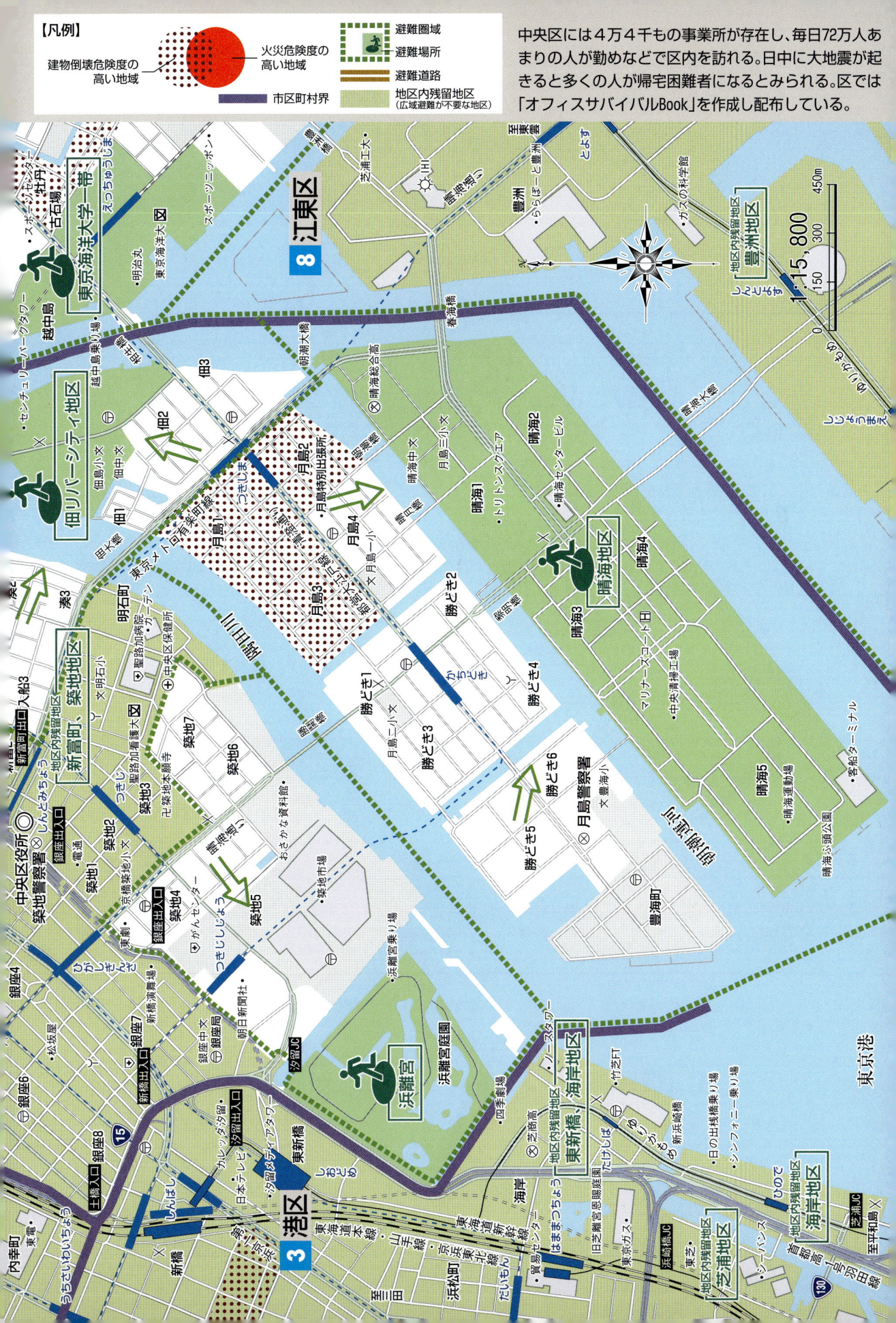

3 港区

港区役所 芝公園1-5-25
http://www.city.minato.tokyo.jp/
03-3578-2111（代表）
03-3578-2541（防災危機管理室 防災課 防災係）

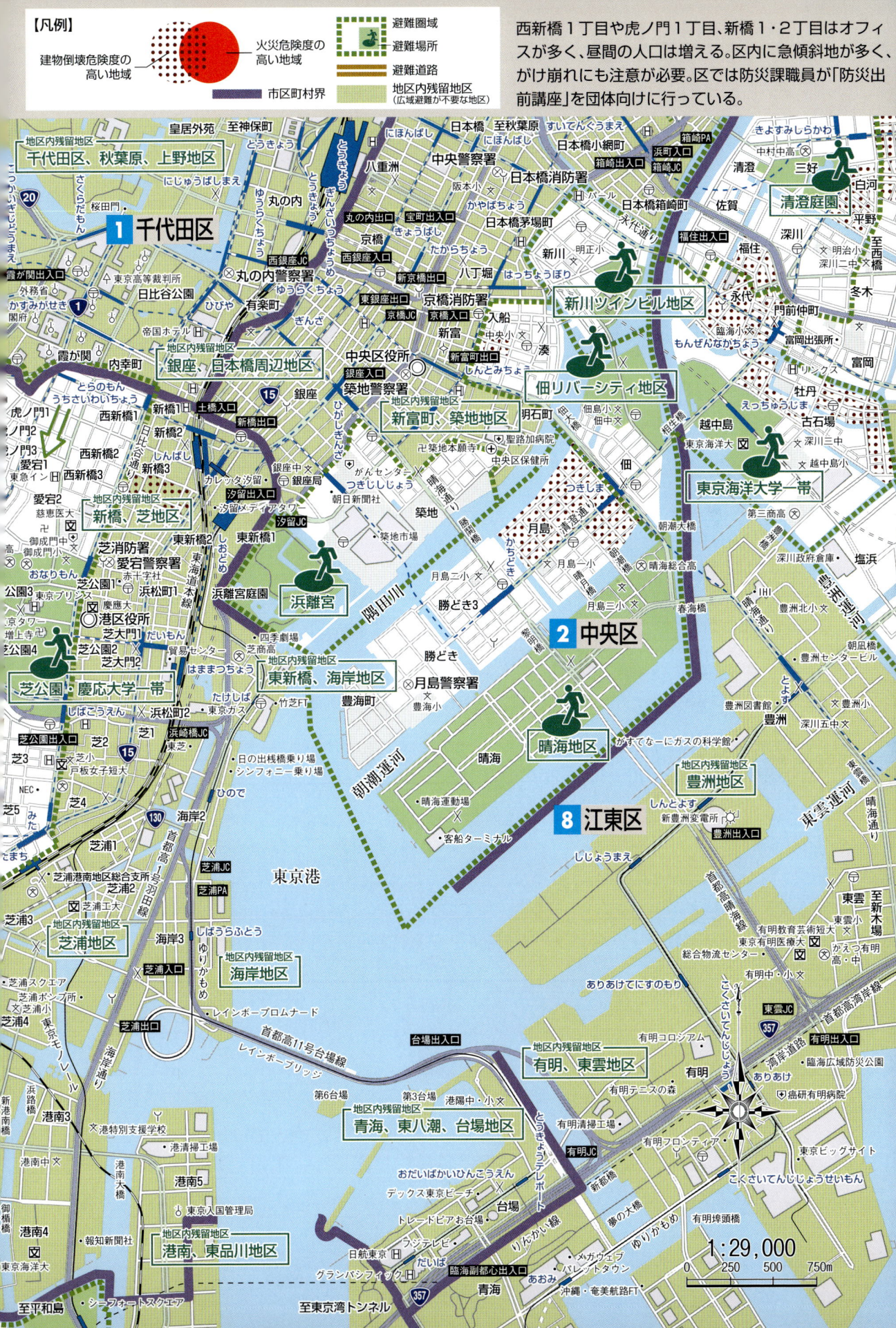

4 新宿区

新宿区役所　歌舞伎町1-4-1
http://www.city.shinjuku.lg.jp/
03-3209-1111（代表）
03-5273-4592（区長室 危機管理課）

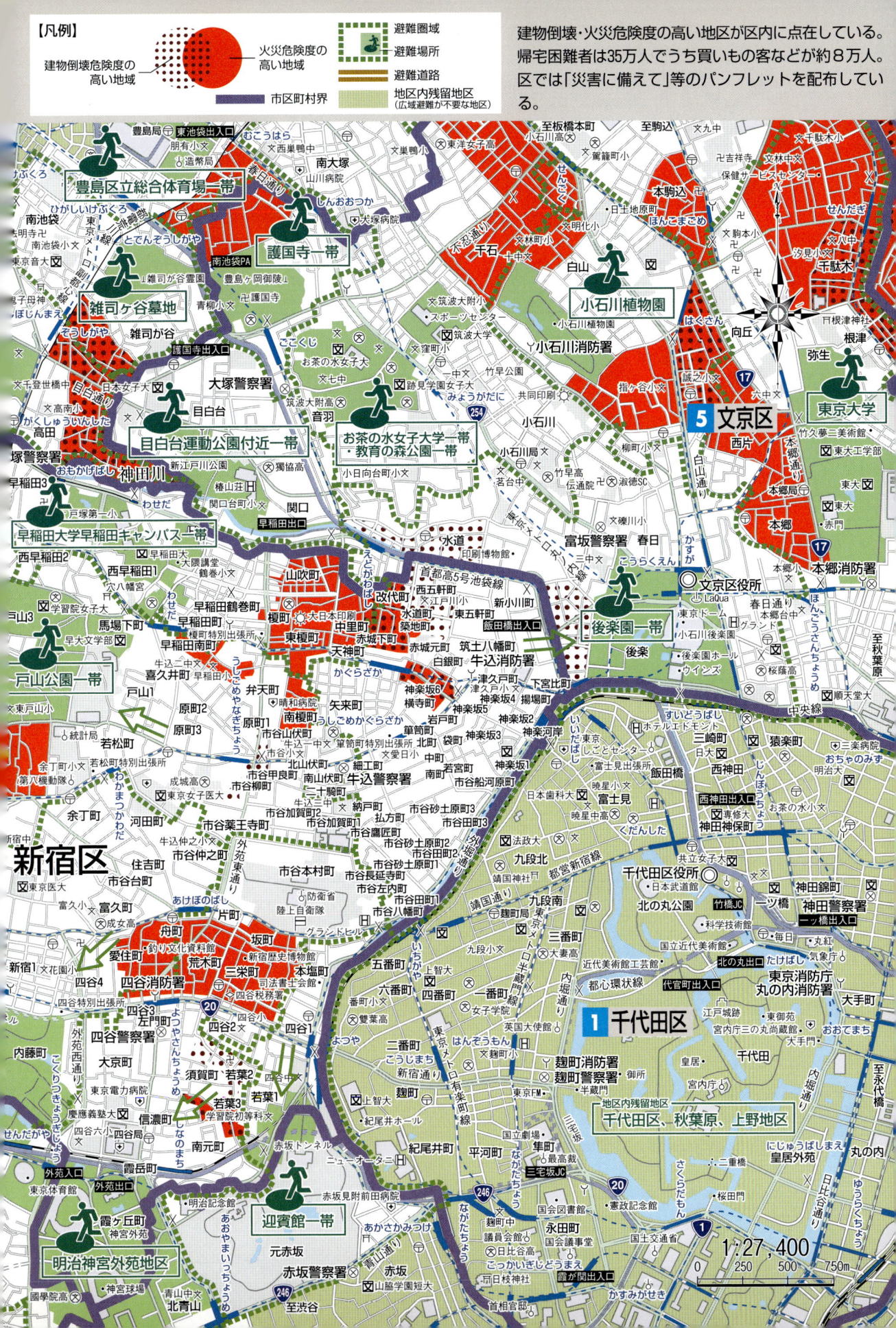

5 文京区

文京区役所　春日1-16-21
http://www.city.bunkyo.lg.jp/
03-3812-7111（代表）
03-5803-1179（危機管理室 防災課）

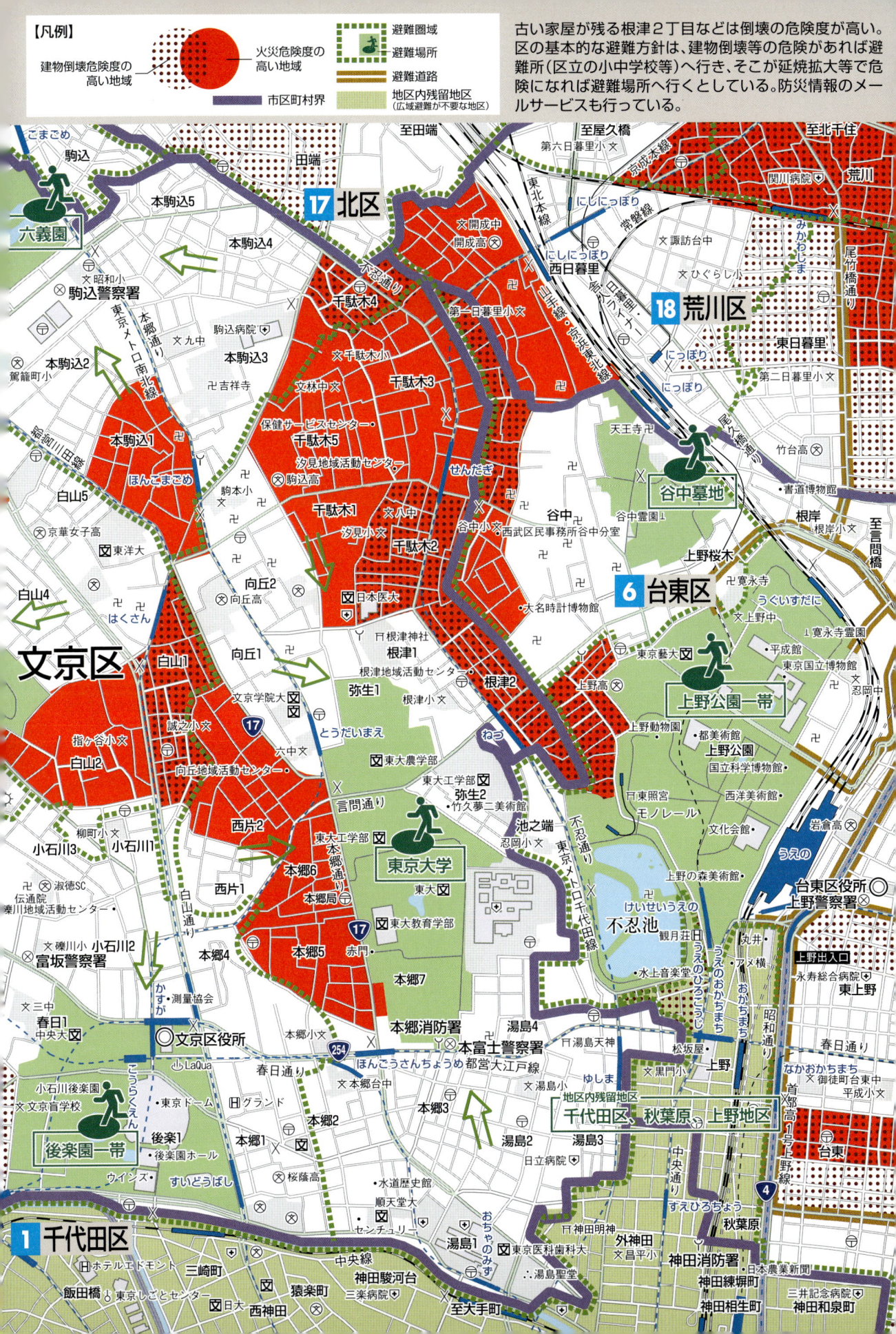

6 台東区

台東区役所 東上野4-5-6
http://www.city.taito.lg.jp/
03-5246-1111（代表）
03-5246-1092（危機管理室 危機・災害対策課）

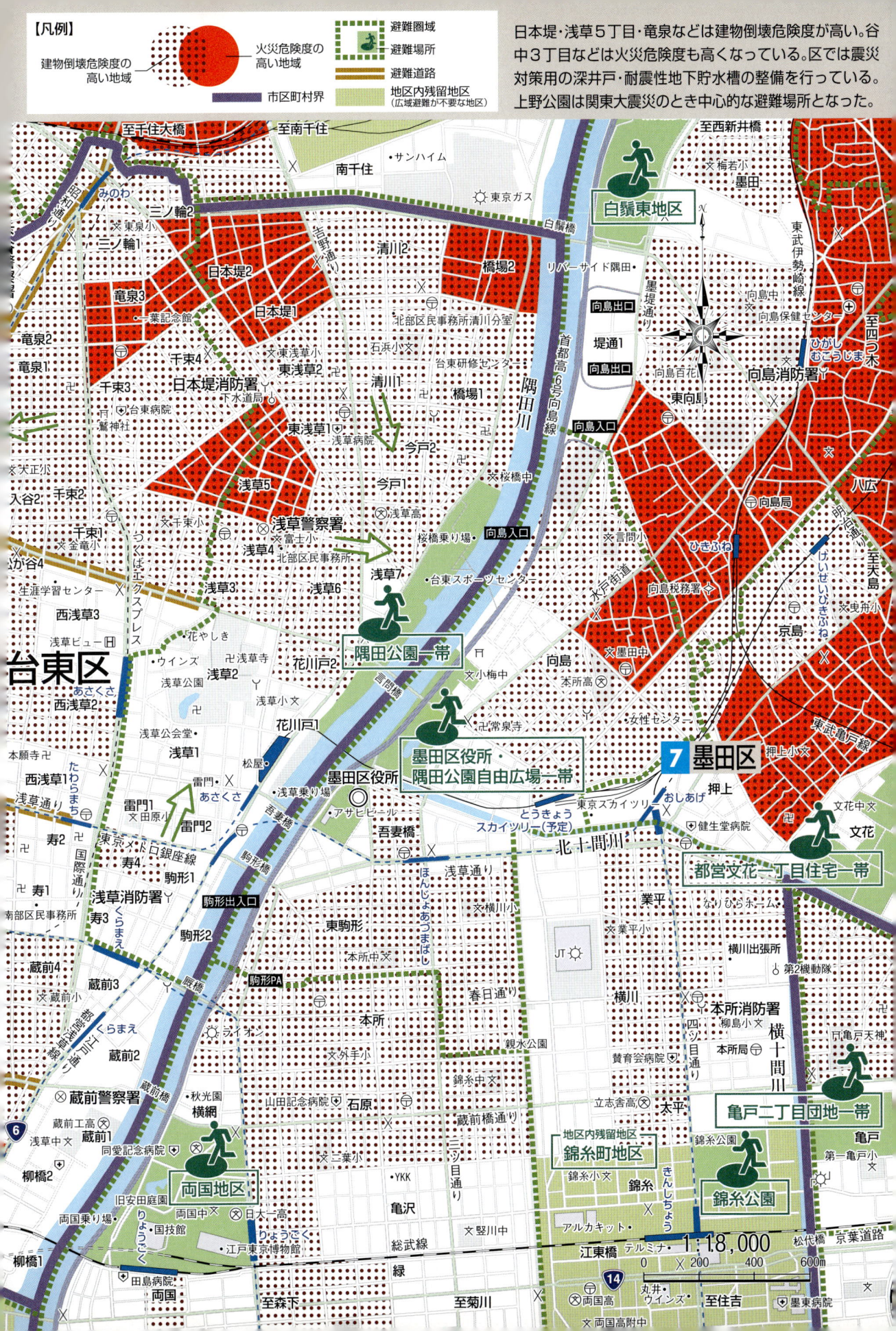

7 墨田区

墨田区役所 吾妻橋1-23-20
http://www.city.sumida.lg.jp/
03-5608-1111（代表）
03-5608-6206（総務部 危機管理担当 防災課）

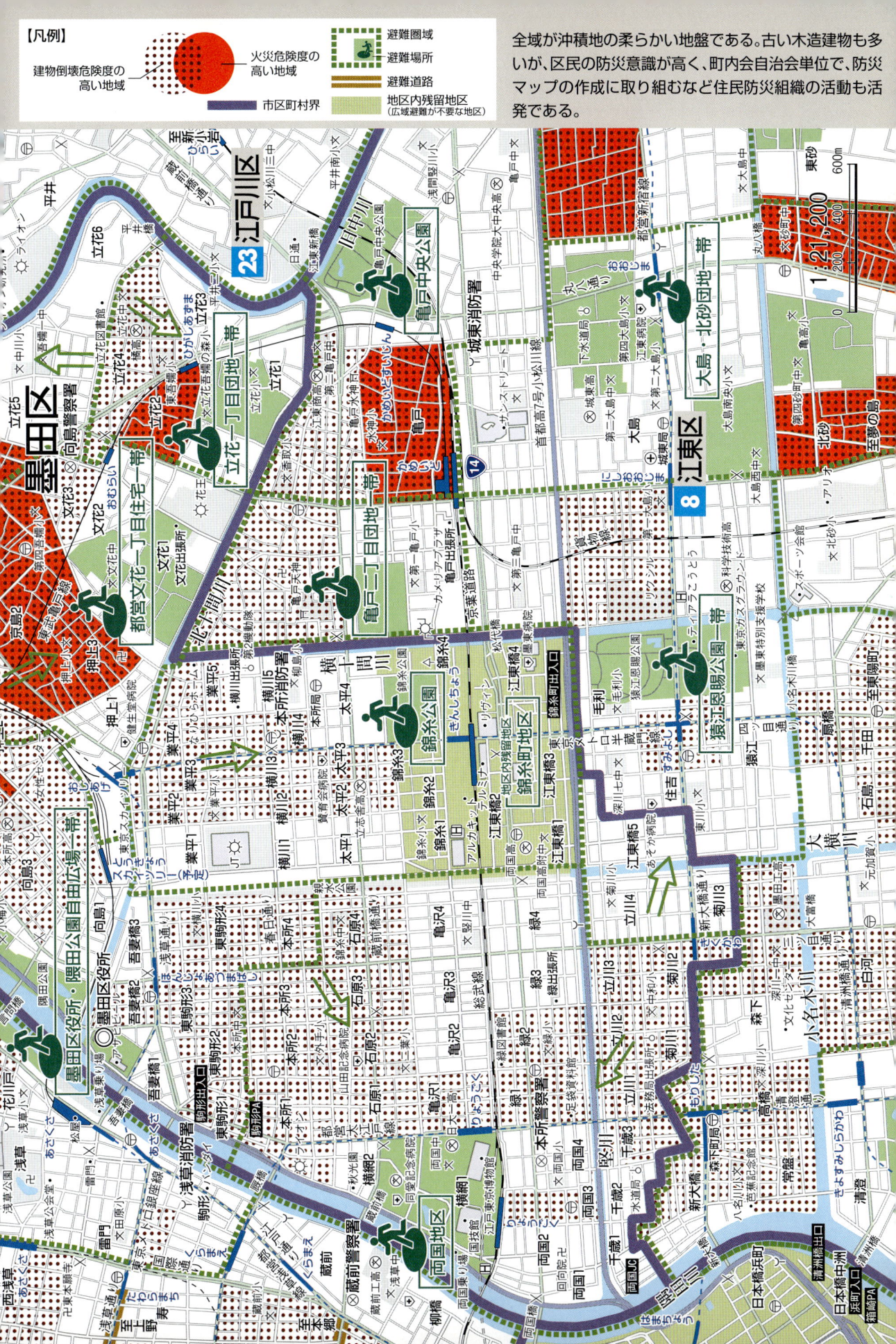

8 江東区

江東区役所 東陽4-11-28
http://www.city.koto.lg.jp/
03-3647-9111(代表)
03-3647-9584(総務部 危機管理室 防災課 防災計画係)

9 品川区

品川区役所 広町2-1-36
http://www.shinagawa.tokyo.jp/
03-3777-1111（代表）
03-5742-6695（防災まちづくり事業部 防災課 計画係）

10 目黒区

目黒区役所 上目黒2-19-15
http://www.city.meguro.tokyo.jp/
03-3715-1111（代表）
03-5723-8700（危機管理室 防災課）

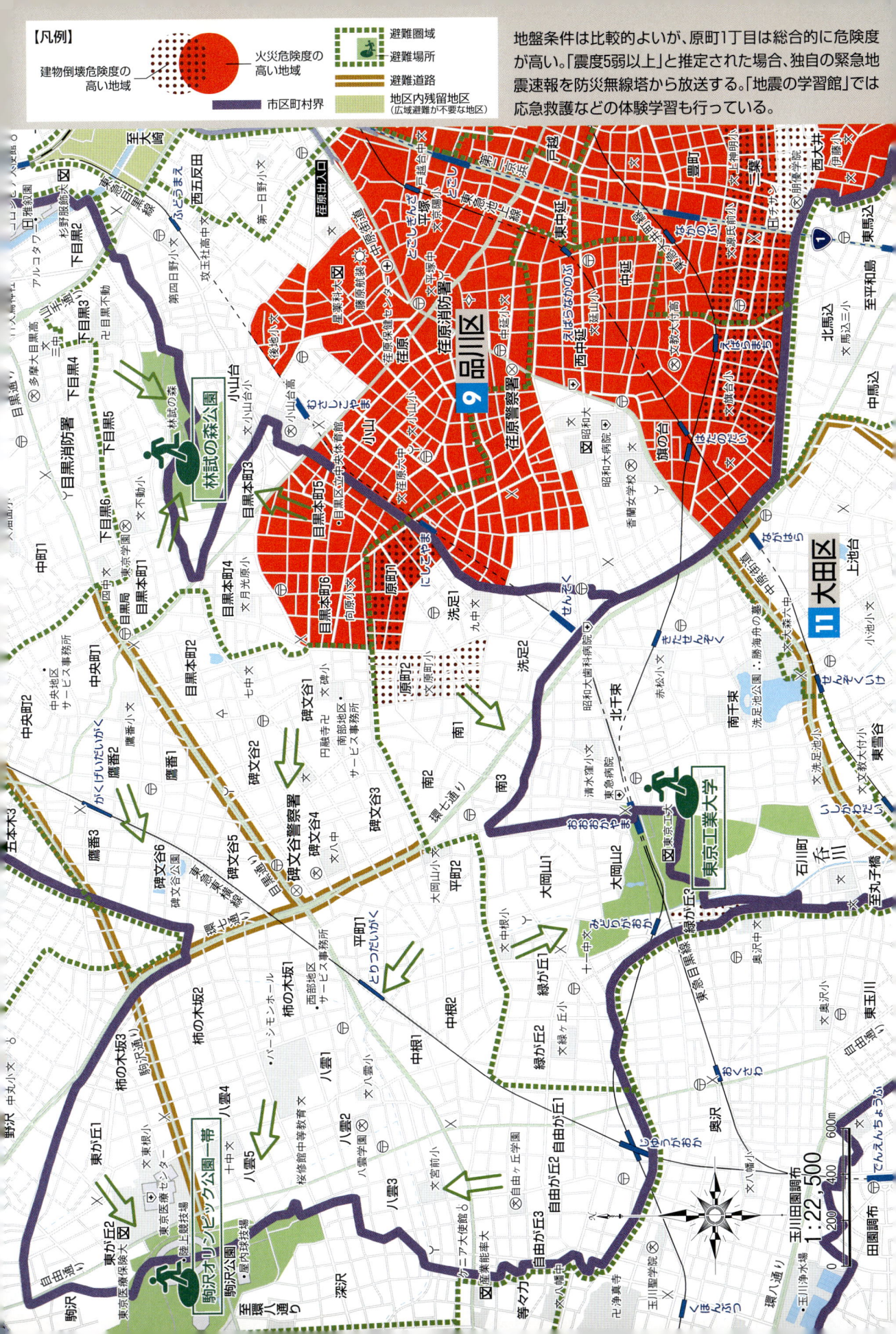

11 大田区

大田区役所 蒲田5-13-14
http://www.ota.tokyo.jp/
03-5744-1111 (代表)
03-5744-1236 (地域振興部 防災課)

12 世田谷区

世田谷区役所　世田谷4-21-27
http://www.setagaya.tokyo.jp/
03-5432-1111（代表）
03-5432-2262（危機管理室 災害対策課）

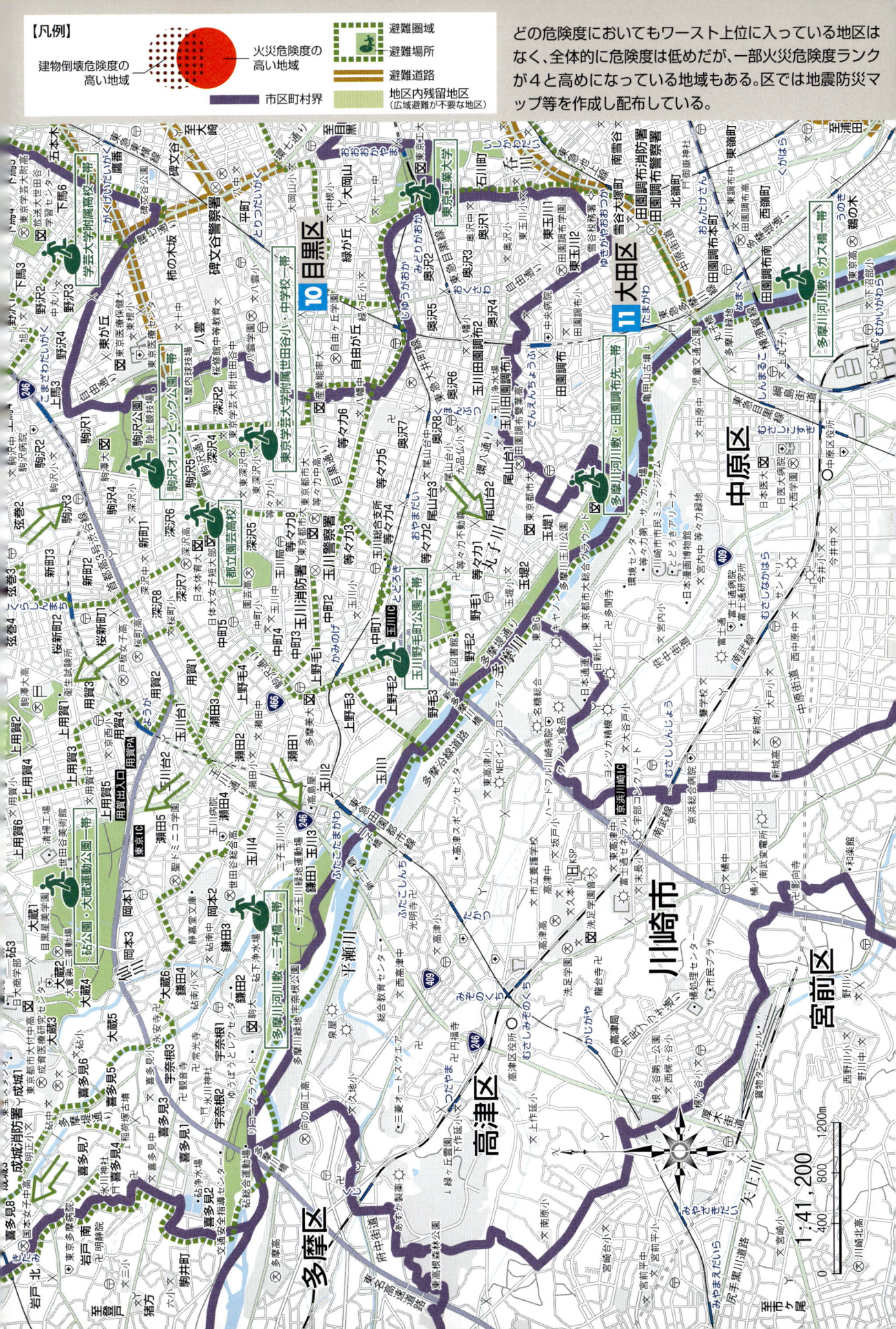

13 渋谷区

渋谷区役所　宇田川町1-1
http://www.city.shibuya.tokyo.jp/
03-3463-1211（代表）
03-3463-1589（危機管理対策部 防災課）

14 中野区

中野区役所　中野4-8-1
http://www.city.tokyo-nakano.lg.jp/
03-3389-1111（代表）
03-3228-8823（都市基盤部 防災・都市安全分野災害対策担当）

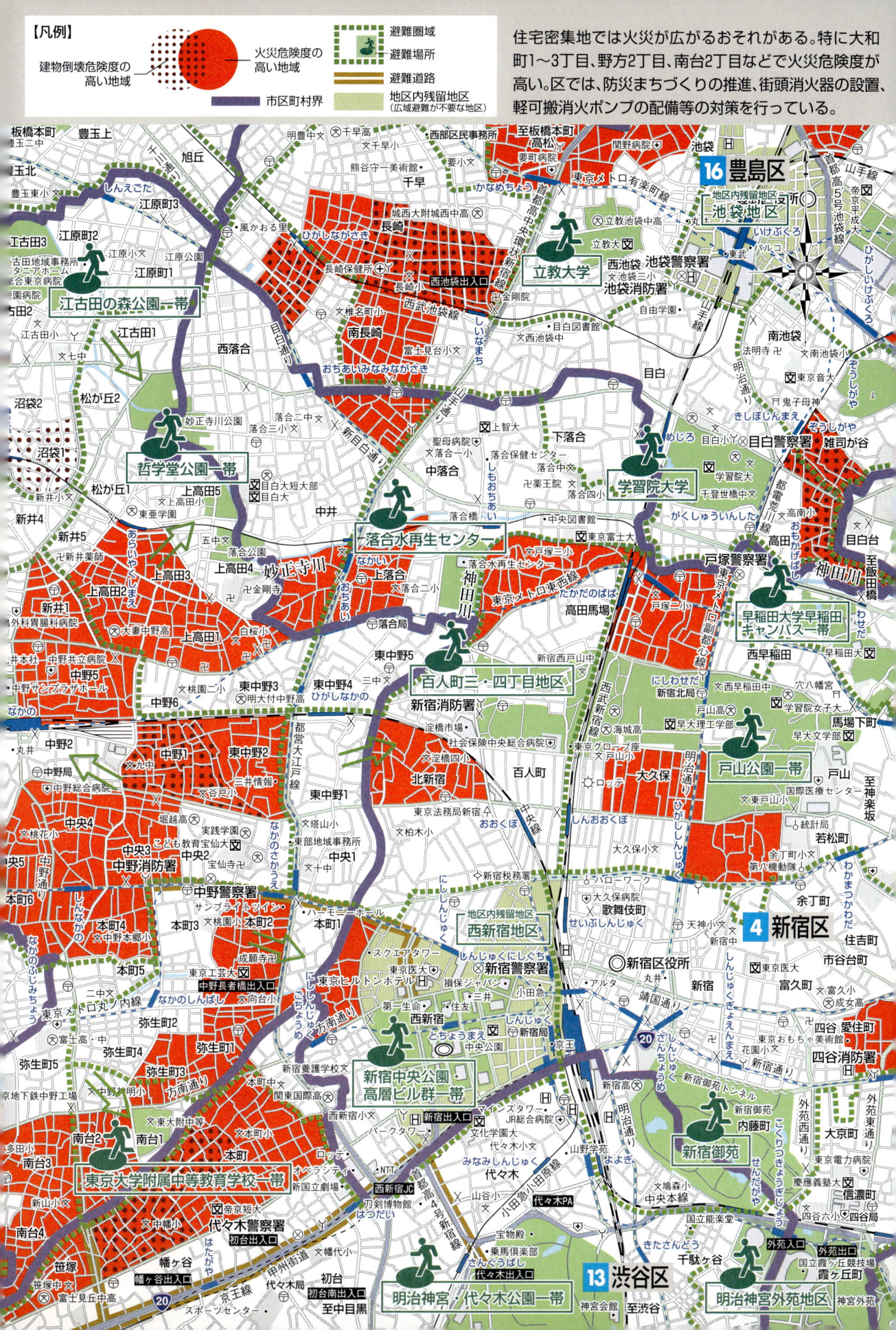

15 杉並区

杉並区役所 阿佐谷南1-15-1
http://www.city.suginami.tokyo.jp/
03-3312-2111（代表）
03-5307-0730（危機管理室 防災課）

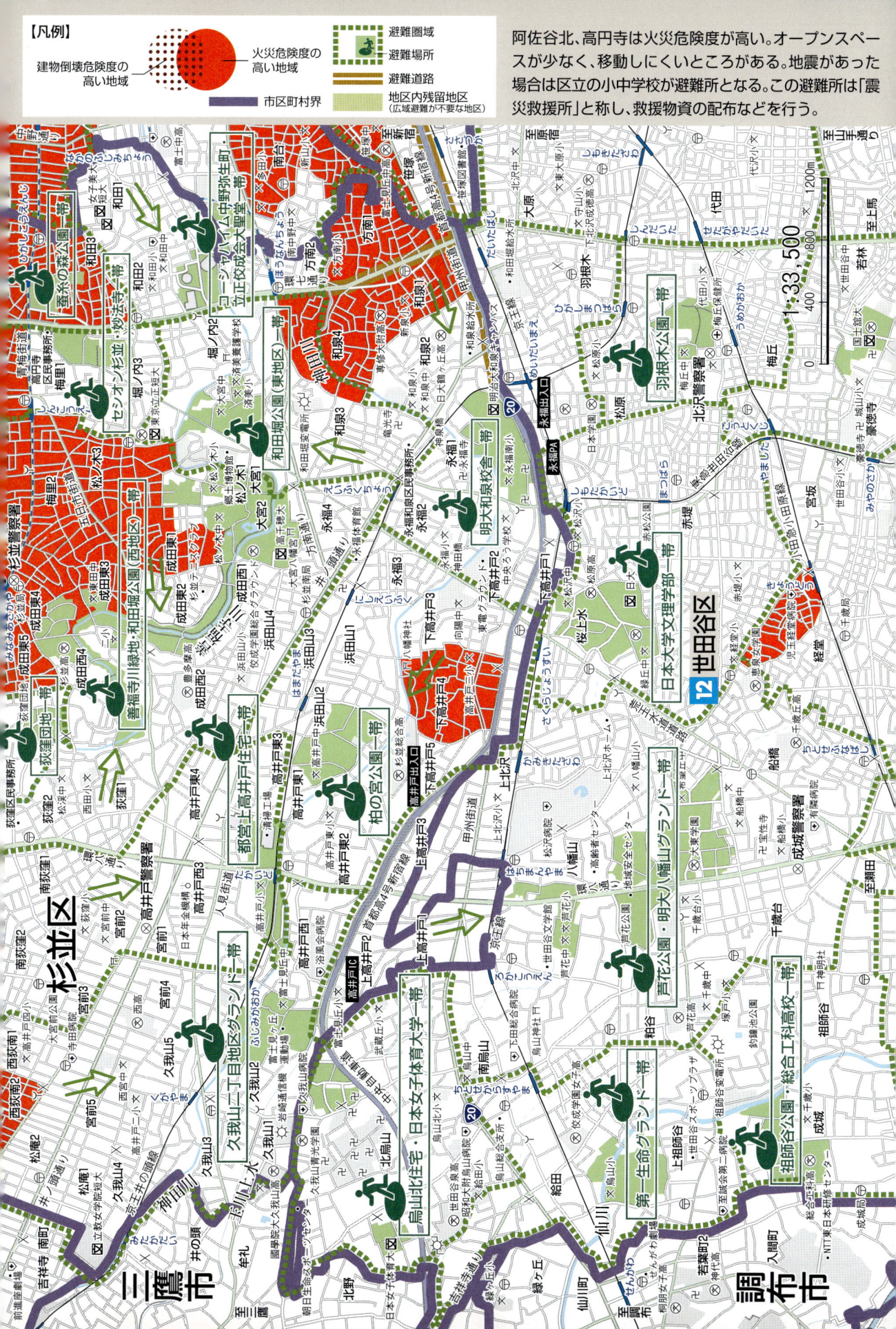

16 豊島区

豊島区役所　東池袋1-18-1
http://www.city.toshima.lg.jp/
03-3981-1111（代表）
03-3981-2100（総務部 防災課）

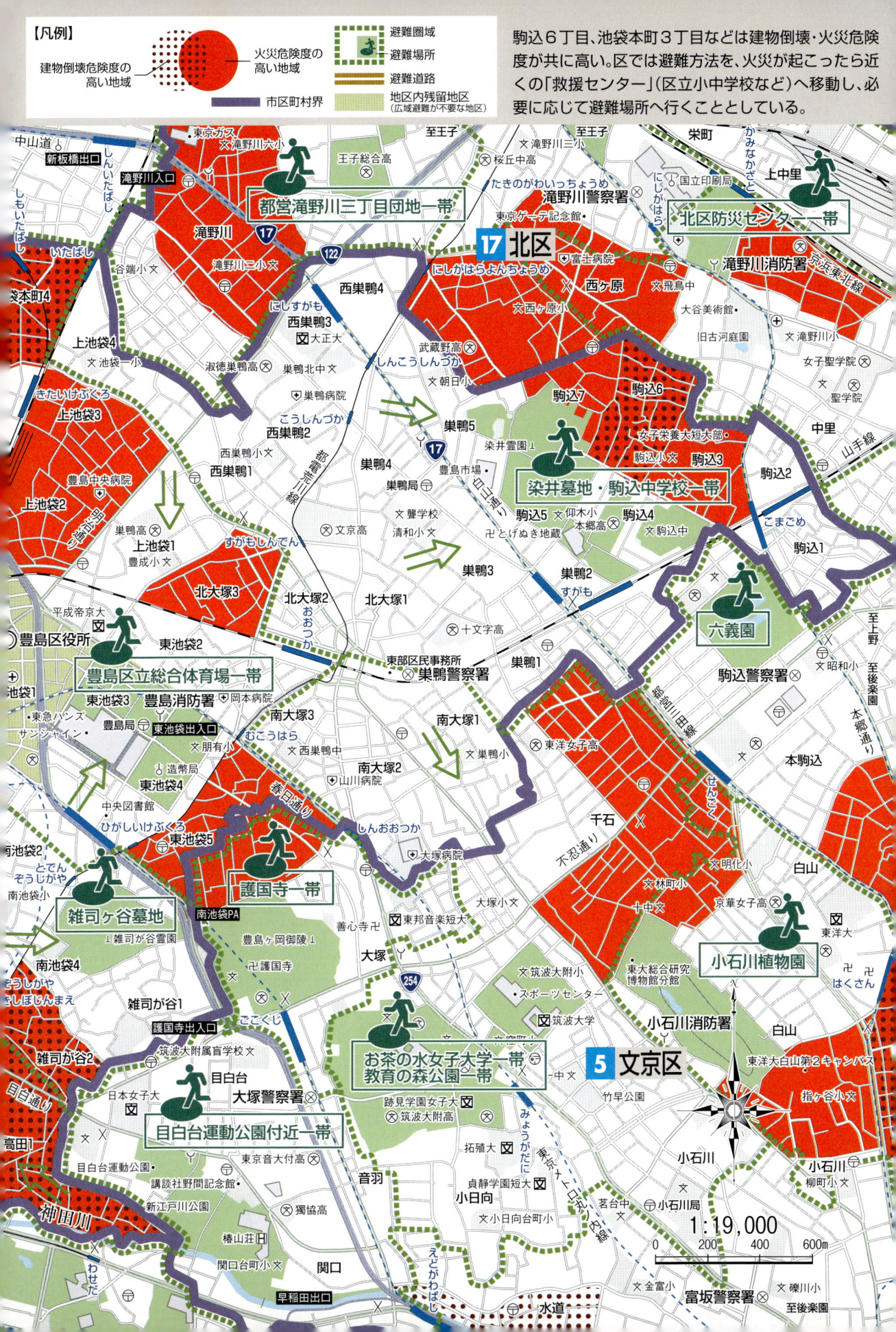

駒込6丁目、池袋本町3丁目などは建物倒壊・火災危険度が共に高い。区では避難方法を、火災が起こったら近くの「救援センター」(区立小中学校など)へ移動し、必要に応じて避難場所へ行くこととしている。

17 北区

北区役所　王子本町1-15-22
http://www.city.kita.tokyo.jp/
03-3908-1111（代表）
03-3908-8184（危機管理室 防災課）

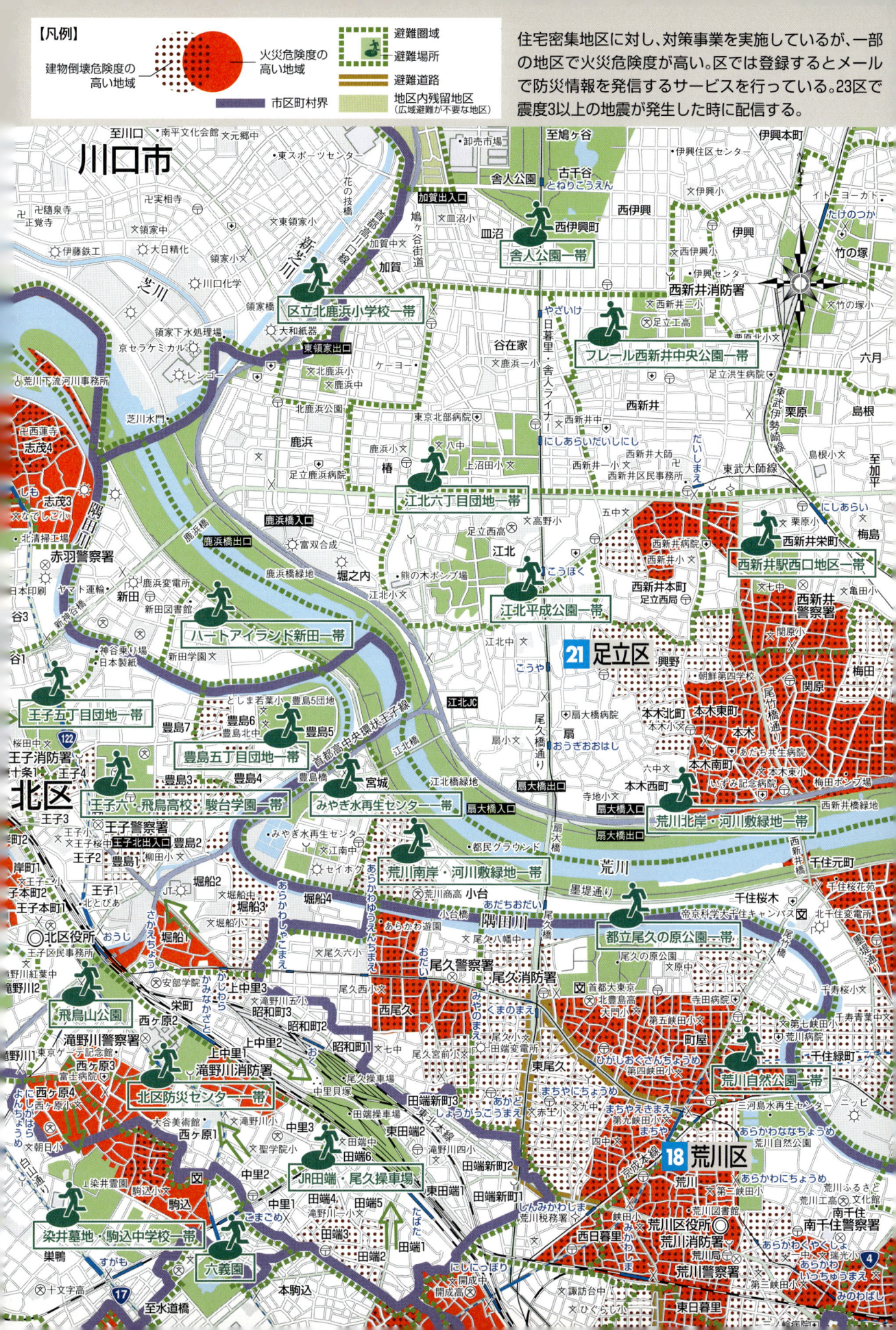

住宅密集地区に対し、対策事業を実施しているが、一部の地区で火災危険度が高い。区では登録するとメールで防災情報を発信するサービスを行っている。23区で震度3以上の地震が発生した時に配信する。

【凡例】
- 建物倒壊危険度の高い地域
- 火災危険度の高い地域
- 市区町村界
- 避難圏域
- 避難場所
- 避難道路
- 地区内残留地区（広域避難が不要な地区）

18 荒川区

荒川区役所　荒川2-2-3
http://www.city.arakawa.tokyo.jp/
03-3802-3111（代表）
03-3803-8711（区民生活部 防災課）

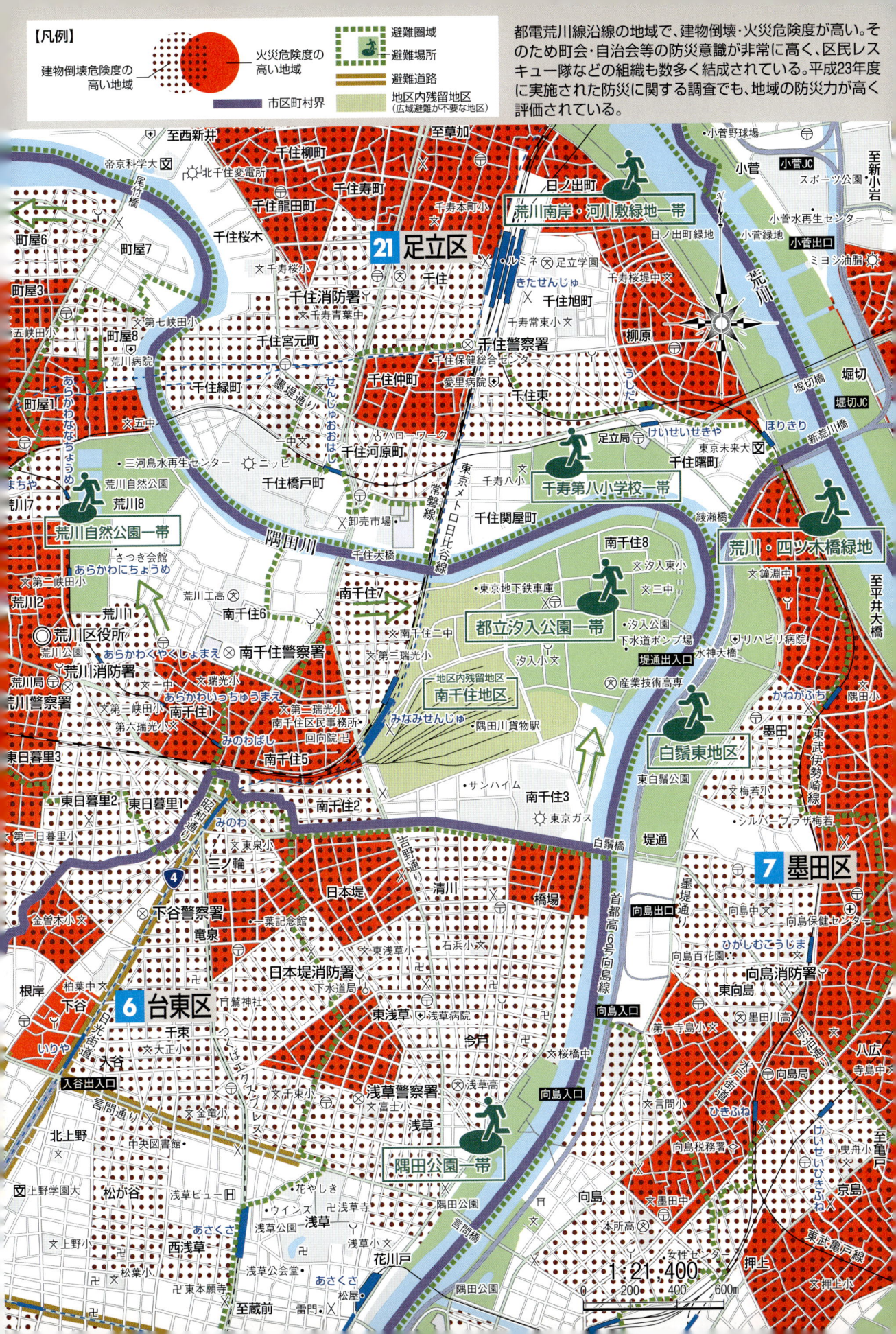

【凡例】
- 建物倒壊危険度の高い地域
- 火災危険度の高い地域
- 市区町村界
- 避難圏域
- 避難場所
- 避難道路
- 地区内残留地区（広域避難が不要な地区）

都電荒川線沿線の地域で、建物倒壊・火災危険度が高い。そのため町会・自治会等の防災意識が非常に高く、区民レスキュー隊などの組織も数多く結成されている。平成23年度に実施された防災に関する調査でも、地域の防災力が高く評価されている。

19 板橋区

板橋区役所 板橋2-66-1
http://www.city.itabashi.tokyo.jp/
03-3964-1111（代表）
03-3579-2151（危機管理室 防災危機課）

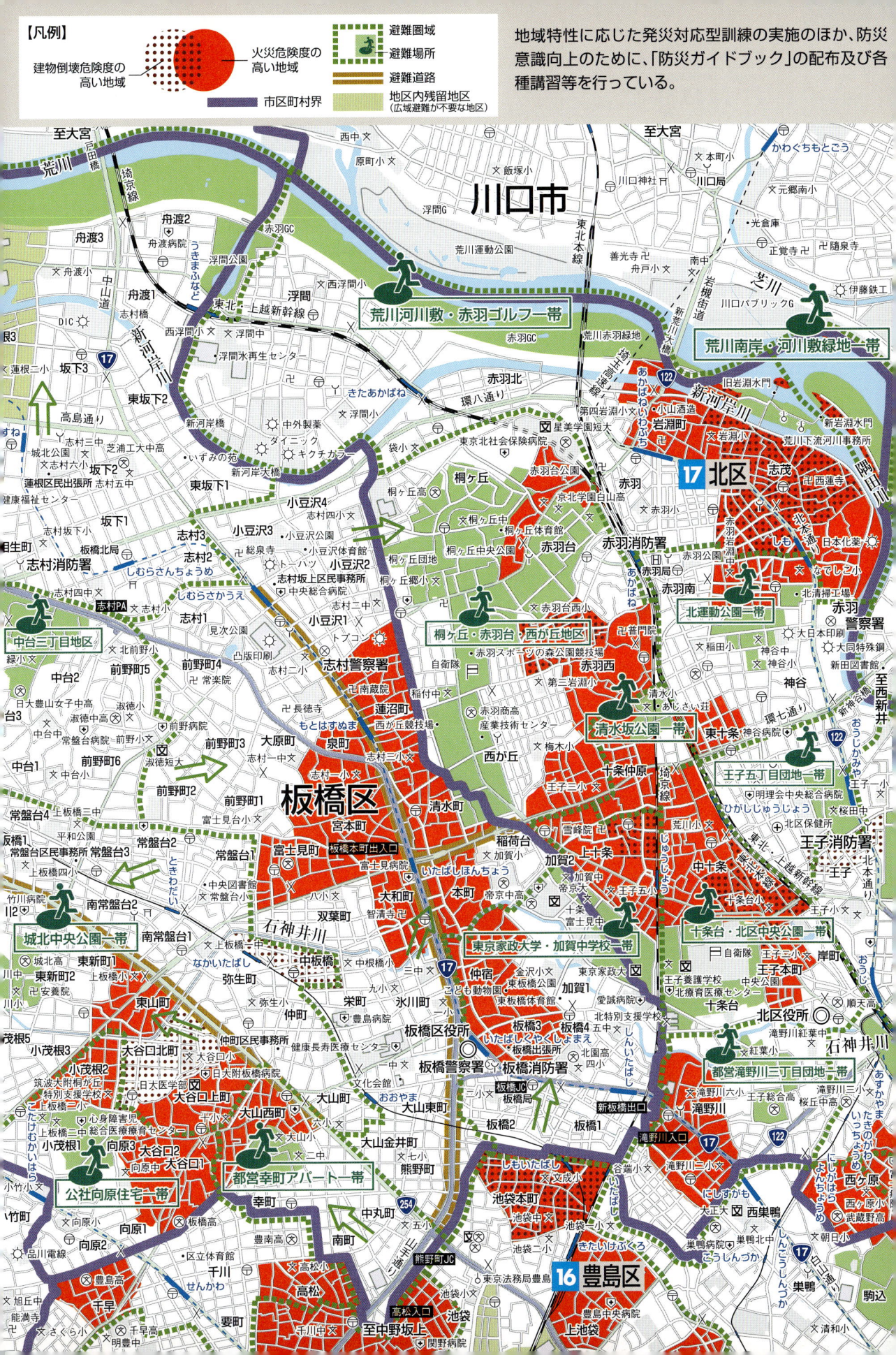

地域特性に応じた発災対応型訓練の実施のほか、防災意識向上のために、「防災ガイドブック」の配布及び各種講習等を行っている。

20 練馬区

練馬区役所　豊玉北6-12-1
http://www.city.nerima.tokyo.jp/
03-3993-1111(代表)
03-5984-2601(危機管理室 防災課 区民防災第一係)

火災危険度のランクが4のところは数カ所あるが、建物倒壊危険度も低いところが多く、総合的に危険度は低めである。震災時には区立の小中学校が避難所と防災拠点の機能を果たす「避難拠点」となる。

21 足立区

足立区役所　中央本町1-17-1
http://www.city.adachi.tokyo.jp/
03-3880-5111（代表）
03-3880-5836（総務部 危機管理室 災害対策課 災害対策係）

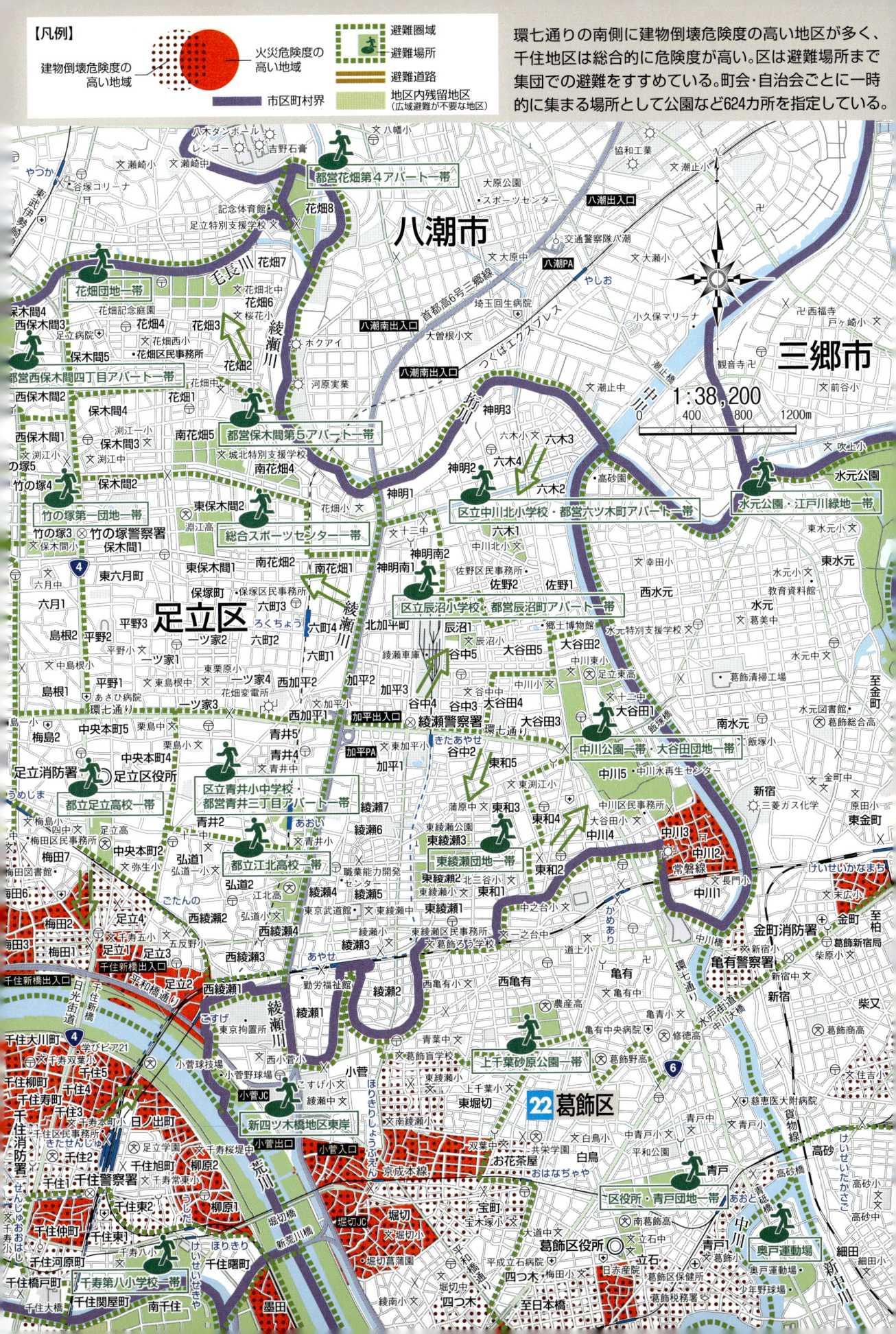

環七通りの南側に建物倒壊危険度の高い地区が多く、千住地区は総合的に危険度が高い。区は避難場所まで集団での避難をすすめている。町会・自治会ごとに一時的に集まる場所として公園など624カ所を指定している。

22 葛飾区

葛飾区役所 立石5-13-1
http://www.city.katsushika.lg.jp/
03-3695-1111（代表）
03-5654-8572（地域振興部 防災課計画係）

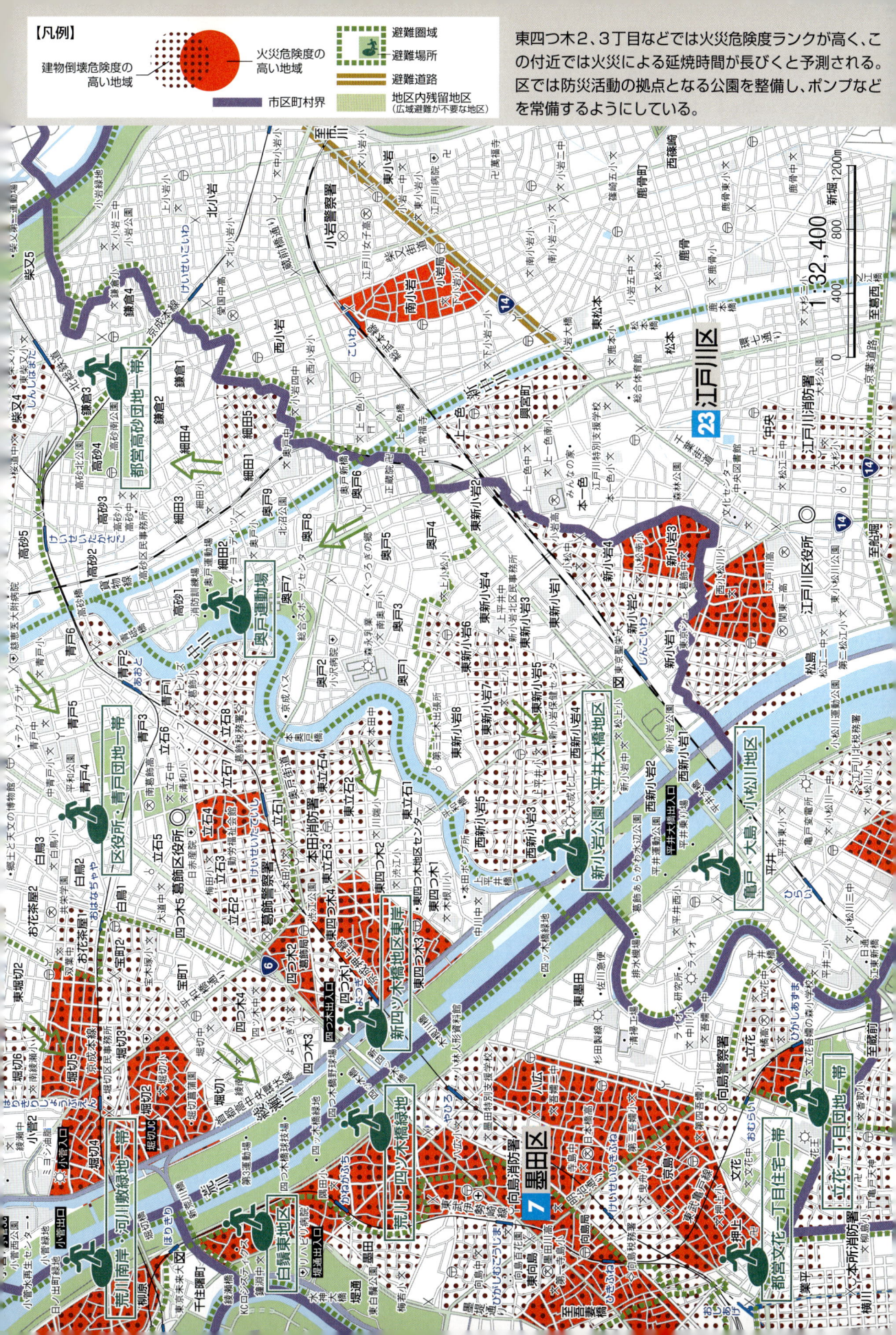

【凡例】
- 建物倒壊危険度の高い地域
- 火災危険度の高い地域
- 市区町村界
- 避難圏域
- 避難場所
- 避難道路
- 地区内残留地区（広域避難が不要な地区）

東四つ木2、3丁目などでは火災危険度ランクが高く、この付近では火災による延焼時間が長びくと予測される。区では防災活動の拠点となる公園を整備し、ポンプなどを常備するようにしている。

1:32,400

23 江戸川区

江戸川区役所　中央1-4-1
http://www.city.edogawa.tokyo.jp/
03-3652-1151（代表）
直通 03-5662-1992（土木部 災害対策課 計画係）

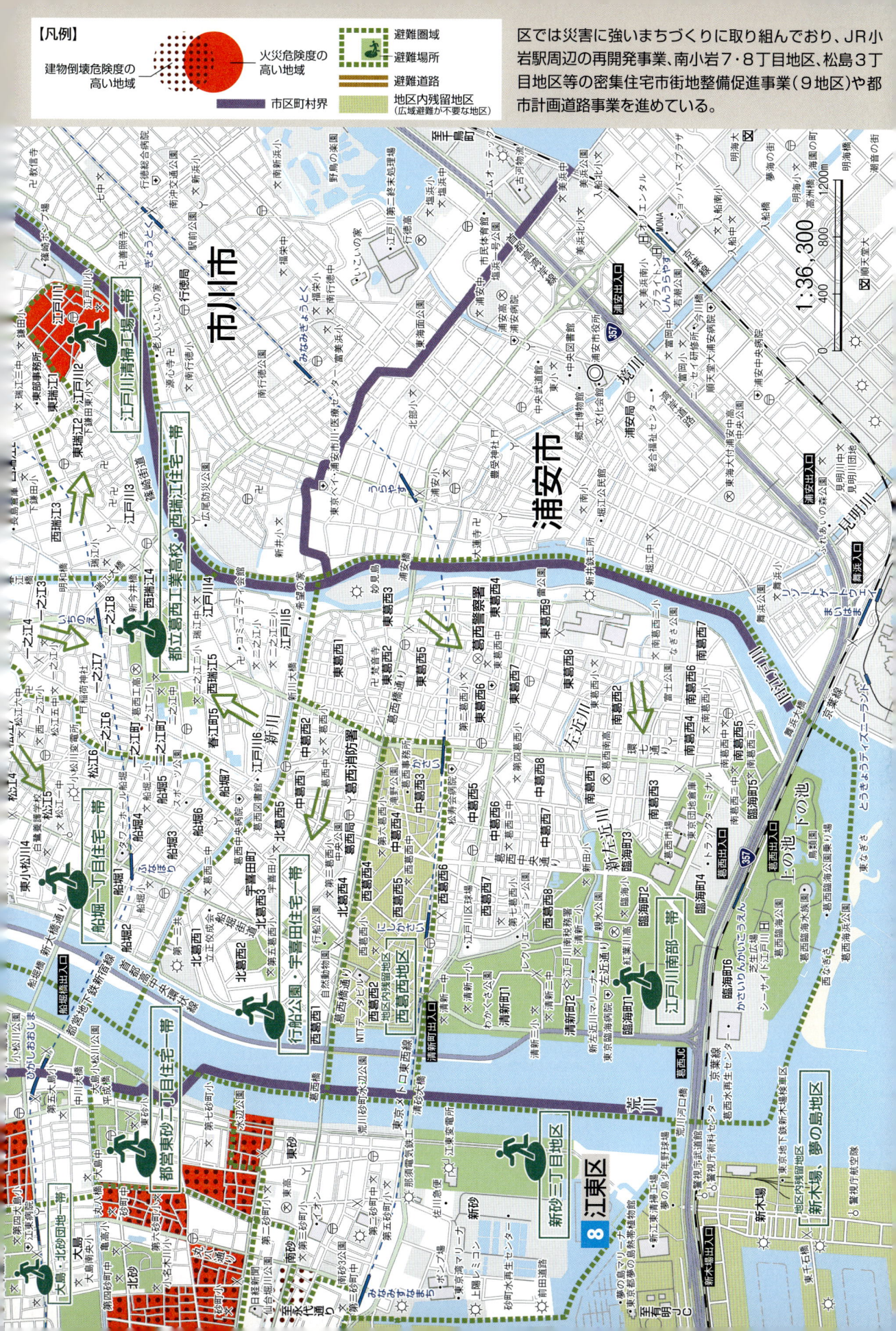

【凡例】
- 建物倒壊危険度の高い地域
- 火災危険度の高い地域
- 市区町村界
- 避難圏域
- 避難場所
- 避難道路
- 地区内残留地区（広域避難が不要な地区）

区では災害に強いまちづくりに取り組んでおり、JR小岩駅周辺の再開発事業、南小岩7・8丁目地区、松島3丁目地区等の密集住宅市街地整備促進事業（9地区）や都市計画道路事業を進めている。

1:36,300

24 多摩地域

各市町村の防災に関する問い合わせ先

市町村	電話番号	部署
八王子市	042-620-7207(直)	生活安全部 防災課
立川市	042-523-2561(直)	市民生活部 防災課
武蔵野市	0422-60-1821(直)	防災安全部 防災課
三鷹市	0422-45-1151(代)	総務部 防災課
青梅市	0428-22-1111(代)	防災安全部 防災課
府中市	042-335-4098(直)	環境安全部 防災課 災害対策係
昭島市	042-544-5111(代)	総務部 防災課 防災係
調布市	042-481-7346(直)	総務部 総合防災安全課
町田市	042-724-2107(直)	市民部 防災安全課
小金井市	042-387-9807(直)	総務部 地域安全課
小平市	042-346-9519(直)	市民生活部 防災安全課 防災安全係
日野市	042-585-1100(直)	総務部 防災安全課
東村山市	042-393-5111(代)	市民部 防災安全課
国分寺市	042-325-0111(代)	総務部 くらしの安全課 防災対策係
国立市	042-576-2111(代)	総務部 防災課 防災・消防担当
福生市	042-551-1638(直)	総務部 安全安心まちづくり課 防災係
狛江市	03-3430-1111(代)	総務部 安心安全課
東大和市	042-563-2111(代)	総務部 防災安全課 災害・防犯係
清瀬市	042-492-5111(代)	総務部 防災安全課 防災係
東久留米市	042-470-7769(直)	市民部 防災防犯課
武蔵村山市	042-565-1111(代)	総務部 防災安全課 防災グループ
多摩市	042-338-6802(直)	総務部 防災安全課
稲城市	042-377-7119(直)	消防本部 警防課 防災係
羽村市	042-555-1111(代)	総務部 生活安全課 防災係
あきる野市	042-558-1111(代)	総務部 地域防災課 防災安全係
西東京市	042-438-4010(直)	危機管理室
瑞穂町	042-557-7610(直)	住民部 地域課 安全係
日の出町	042-597-0511(代)	生活安全安心課 地域安全安心係
檜原村	042-598-1011(代)	総務課 庶務係
奥多摩町	0428-83-2349(直)	総務課 交通防災係

(広域)避難場所

八王子市
1 浅川河川敷
2 富士森公園
3 陵南公園
4 小宮公園
5 清水公園及び工学院大学
6 首都大学東京
7 中央大学
8 東京工科大学
9 東京薬科大学
10 創価大学
11 拓殖大学
12 明星大学

立川市
13 国営昭和記念公園
14 多摩川河川敷
15 立川第二中学校一帯

武蔵野市
16 グリーンパーク
17 成蹊学園グラウンド
18 井の頭恩賜公園
19 小金井公園
20 国際基督教大周辺

三鷹市
21 都立井の頭恩賜公園
22 新川団地・島屋敷通り団地
23 国立天文台
24 都立野川公園
25 大沢総合グラウンド
26 都立武蔵野の森公園

青梅市
27 わかぐさ公園
28 新田山公園

府中市
29 東京農工大学
30 都立府中の森公園
31 多磨霊園・武蔵野公園
32 都立武蔵野の森公園・朝日サッカー場
33 多摩川河川敷①押立地区②是政・小柳町地区
　　③是政地区④住吉地区
34 東京競馬場
35 市民球場・市民陸上競技場・都立農業高校・府中グリーンハイツ
36 武蔵台緑地
37 東芝府中事業所・日鋼町(すずかけ公園)
38 都立府中西高校周辺・東京多摩青果
39 日本電気府中事業場

昭島市
40 国営昭和記念公園
41 昭和の森ゴルフコース
42 昭和公園・東小学校・昭和中学校・都立昭和高校
43 多摩川緑地くじら運動公園・大神公園

調布市
44 調布基地跡地運動広場及び大沢総合グラウンド一部
45 都立神代植物公園周辺(自由広場を含む)
46 多摩川河川敷(第1区)周辺
　　(府中市境界～多摩川原橋)
47 多摩川河川敷(第2区)周辺
　　(多摩川原橋～二ヶ領堰)
48 多摩川河川敷(第3区)周辺
　　(二ヶ領堰～狛江市境界)
49 市立調和小学校周辺
50 市立神代中学校・上ノ原小学校周辺
51 市立緑ヶ丘小学校周辺
52 NTT東日本研修センタグラウンド
53 市立第四中学校・若葉小学校周辺

町田市
54 芹ヶ谷公園
55 鶴間公園
56 つくし野セントラルパーク
57 鶴川中央公園
58 野津田公園
59 薬師池公園
60 忠生公園

小金井市
61 武蔵野公園(野川公園、国際基督教大を含む)
62 東京農工大学(栗山公園を含む)
63 小金井公園
64 東京学芸大学
65 多磨霊園

小平市
66 小平霊園
67 小金井カントリー倶楽部
68 都立小金井公園
69 中央公園

日野市
70 多摩川グラウンド
71 日野中央公園
72 市民の森スポーツ公園

東村山市
73 八国山緑地
74 東村山中央公園
75 小平霊園

国分寺市
76 けやき公園・小平南高校一帯
77 史跡むさし国分寺僧寺跡一帯
78 情報通信研究機構・東京学芸大学一帯
79 都立武蔵国分寺公園
80 小平市中央公園(小平市)

【凡例】

- 建物倒壊危険度の高い地域
- 火災危険度の高い地域
- (広域)避難場所
- 調査していない地域

23区と比較すると危険度の高い地域は少ないが、宅地造成により盛り土が施された場所は地盤が弱いため要注意。避難場所・避難方法は市町村によって設定方法が異なるため、地域の担当課に問い合わせること。

羽村市
- 119 富士見公園
- 120 武蔵野公園
- 121 あさひ公園

あきる野市
- 122 総合グラウンド
- 123 小和田グラウンド

西東京市
- 124 東京大学大学院農学生命科学研究科附属生態調和農学機構
- 125 東京大学大学院農学生命科学研究科附属演習林田無試験地
- 126 西東京いこいの森公園
- 127 都立小金井公園
- 128 文理台公園
- 129 千駄山広場

瑞穂町
- 130 町営グランド
- 131 武蔵野コミュニティグランド

檜原村
- 132 檜原村総合グラウンド周辺

奥多摩町
- 133 登計原山村広場運動公園

国立市
- 81 都立北多摩高校周辺
- 82 一橋大学構内
- 83 谷保第三公園周辺
- 84 東京女子体育大学構内
- 85 中央郵政研修センター
- 86 多摩川河川敷公園

福生市
- 87 多摩川緑地福生南公園
- 88 多摩川緑地福生柳山公園
- 89 多摩川緑地福生かに坂公園
- 90 多摩川中央公園

狛江市
- 91 多摩川左岸一帯
- 92 西河原公園
- 93 防衛省共済組合狛江スポーツセンター

東大和市
- 94 上仲原公園
- 95 桜が丘市民広場
- 96 東大和南公園

清瀬市
- 97 中央公園広場
- 98 清瀬金山緑地公園
- 99 竹丘公園

東久留米市
- 100 都立小平霊園

武蔵村山市
- 101 雷塚公園
- 102 大南公園
- 103 総合運動場(第一)
- 104 総合運動場(第二)

多摩市
- 105 都立桜ヶ丘公園
- 106 一本杉公園
- 107 多摩中央公園

稲城市
- 108 社団法人九段グラウンド
- 109 北緑地公園
- 110 大丸公園
- 111 大丸公園第二公園
- 112 平尾近隣公園
- 113 中央公園野球場
- 114 中央公園総合グラウンド
- 115 城山公園
- 116 吉方公園
- 117 若葉台公園
- 118 都立若葉総合高校

1:175,000
0　2000　4000　6000　8000m

※図やリストには主な避難場所を載せています。詳細については各市町村に確認して下さい。

東京の地盤と液状化予測図

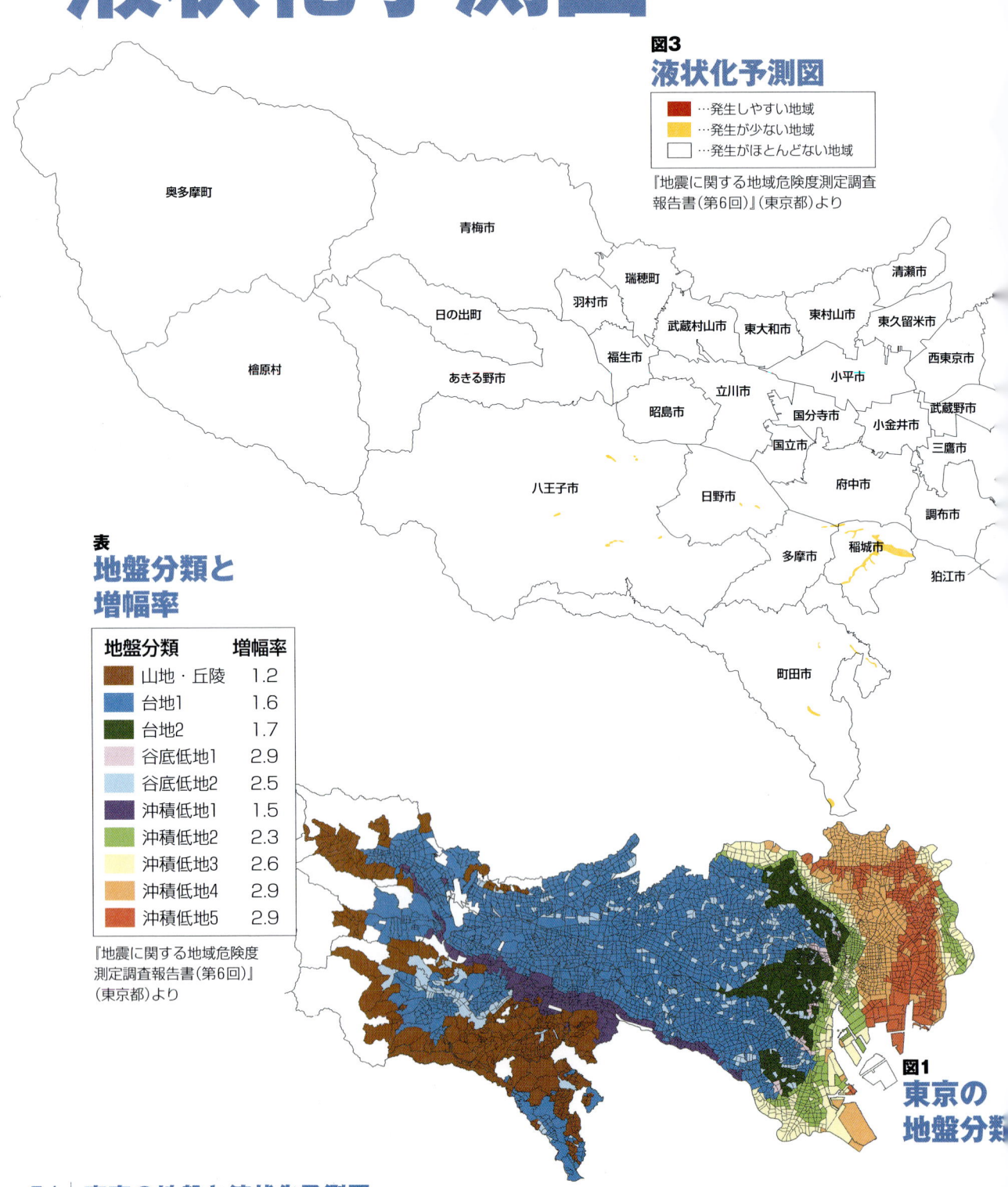

図3 液状化予測図

- 🟥 …発生しやすい地域
- 🟨 …発生が少ない地域
- ⬜ …発生がほとんどない地域

『地震に関する地域危険度測定調査報告書(第6回)』(東京都)より

表 地盤分類と増幅率

地盤分類	増幅率
山地・丘陵	1.2
台地1	1.6
台地2	1.7
谷底低地1	2.9
谷底低地2	2.5
沖積低地1	1.5
沖積低地2	2.3
沖積低地3	2.6
沖積低地4	2.9
沖積低地5	2.9

『地震に関する地域危険度測定調査報告書(第6回)』(東京都)より

図1 東京の地盤分類

54 東京の地盤と液状化予測図

東京の地盤と揺れ

東京の地盤を、「山地・丘陵」「台地」「谷底低地」「沖積低地」の4種10類型に分類している（図1）。震源からの地震動（揺れ）は、地表に伝わる際に増幅され、その増幅率は地盤によって異なる。東京都では建物倒壊危険度の算定にあたり、近年発生した地震の実際の揺れ方をもとに、地盤分類ごとの地震動の増幅率を設定した（表）。「山地・丘陵」の1.2に対し、軟弱な「沖積低地5」では2.9と約2.5倍大きく揺れる。

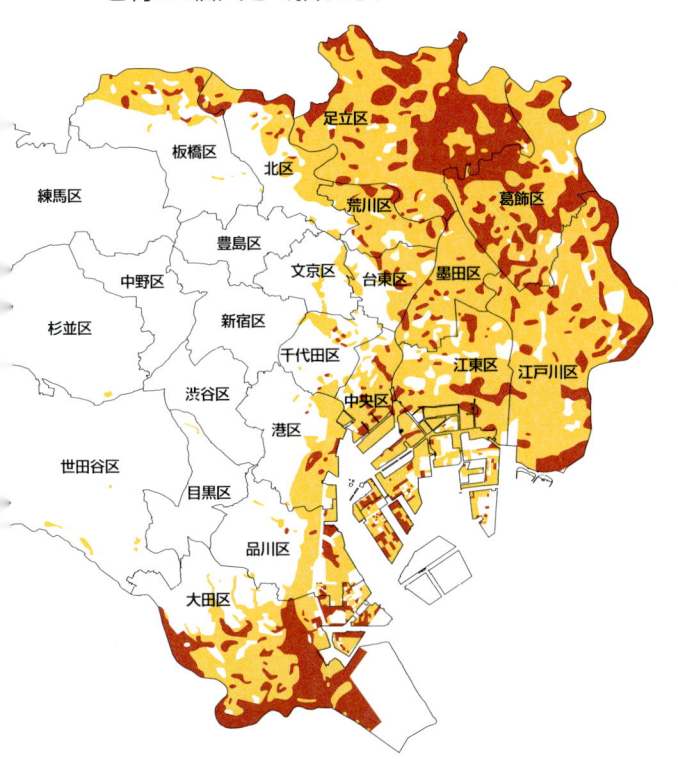

液状化現象とは

「液状化」とは、地震によって強い振動が地盤に加わることにより、通常は固くしまった地盤が液体のようになる現象（図2）。

地下水位が高い場所や、細かい砂や泥の多い沖積層の地盤、古い埋め立て地などで起こりやすく、その上にある建物が傾いて倒壊したり、地中に沈んだりすることがある。また、宅地の崩壊や地盤沈下などの土砂災害を誘発する。地下に埋められていたガス管やマンホール、タンクなどが地上に浮き上がってくることもあり、電気・ガス・水道などのライフラインにも大きな被害を与えることが多い。

2011年3月の東日本大震災では、茨城県や千葉県で大規模な液状化が発生し、住宅が傾いたり、ライフラインに大きな被害を出した。

液状化による被害想定

東京都の『首都直下地震による東京の被害想定報告書』(2006)によると、液状化による建物被害が多いのは、足立区［2,690棟(2.0%)］、葛飾区［2,200棟(2.2%)］、江戸川区［2,100棟(1.9%)］、大田区［1,786棟(1.3%)］、墨田区［1,140棟(2.1%)］など下町低地で、全体で区部に13,300棟（全建物の0.8%）と想定されている（図3）。

図2 液状化の起こるしくみ

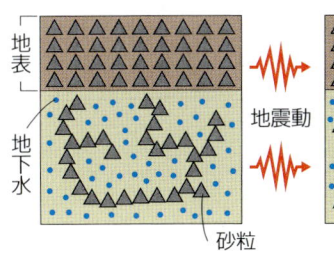

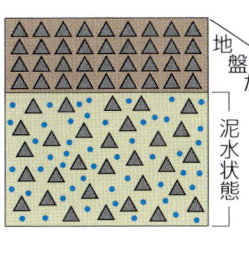

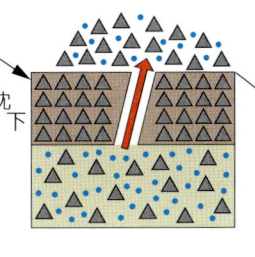

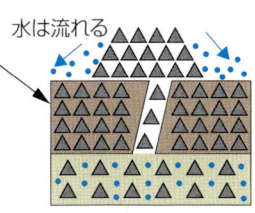

砂質の地盤で地下水位より低いところでは、砂粒は互いに絡み合い、骨格構造をなしている。

強い地震が起こると、地震で砂が揺さぶられ、骨格構造が崩れる。砂粒はばらばらになって泥水（液状化）状態となる。

泥水は周りからの圧力で地上に押し出され、砂水が噴き出す「噴砂」が起こることもある。
（噴砂しなくても建物が沈み込むことがある。）

地表などに噴き出た泥・砂・水などの分だけ、地盤が沈下して安定する。

東京の地盤と液状化予測図 | 55

大きな被害が予測される木造住宅密集地域

地震の揺れによる火災の発生と延焼の危険性の高い地域

『地震に関する地域危険度測定調査※』（平成20年 東京都都市整備局）によると、地震の揺れで発生した火災の延焼により被害を受ける危険性の高い地域は、JR山手線と環状7号線の間に集中しています。これらの地域の多くは、老朽化した木造住宅が密集している地域です。

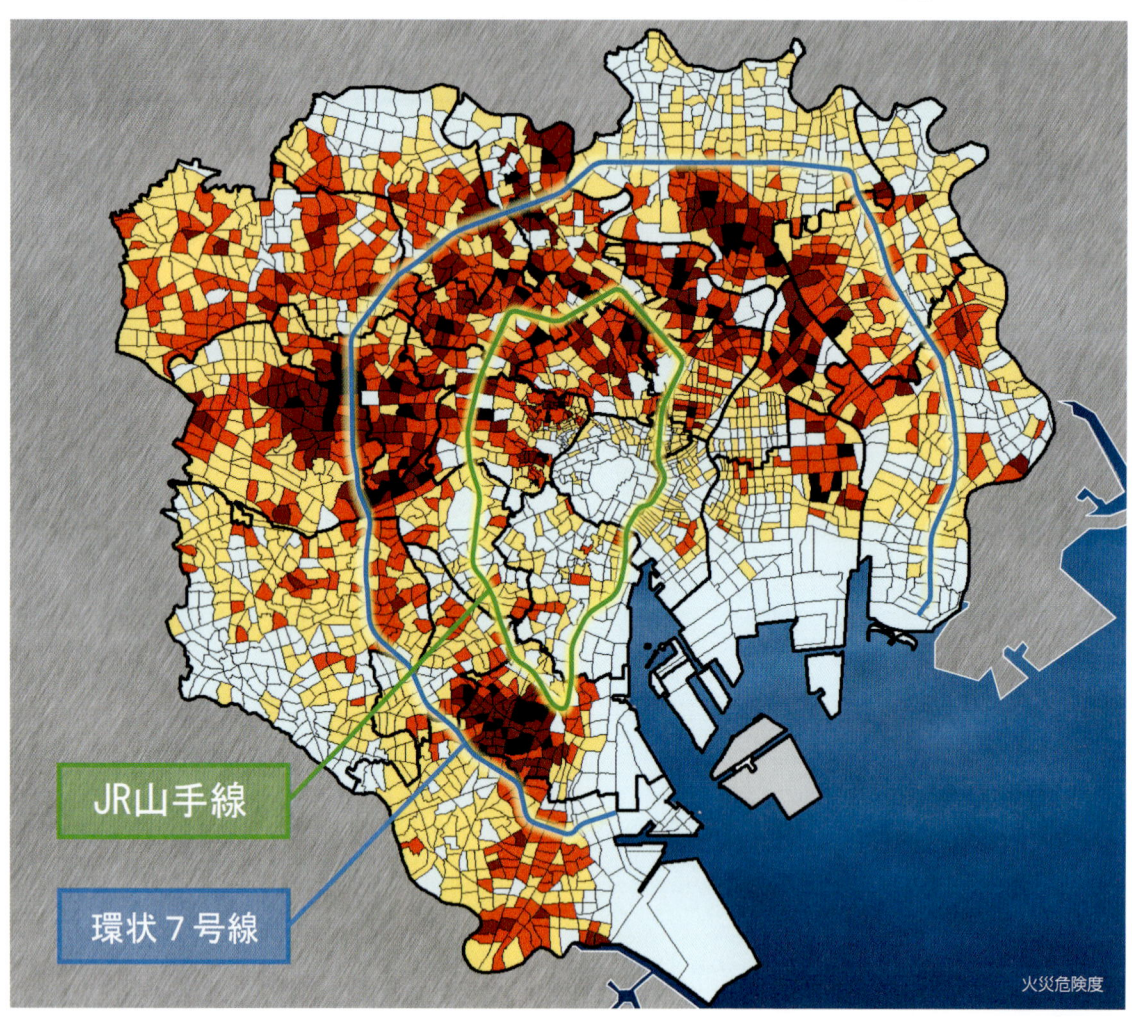

火災危険度

※地震に関する地域危険度測定調査

地震に起因する以下の3つの危険性を町丁目ごとに測定し、危険性の度合いを5つのランクに分けて評価。

- **建物倒壊危険度**：地震動に起因する建物倒壊被害の危険性を測定したもの
- **火災危険度**：地震時に発生する出火による建物の延焼被害の危険性を測定したもの（上図）
- **総合危険度**：建物倒壊危険度及び火災危険度をあわせた危険性を測定したもの

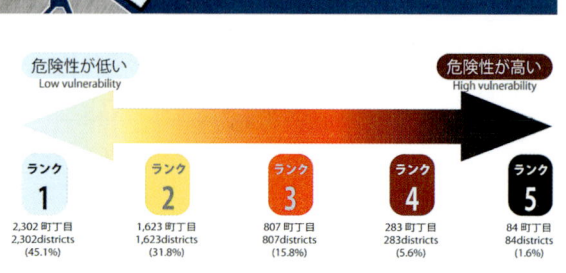

危険性が低い Low vulnerability ← → 危険性が高い High vulnerability

ランク1	ランク2	ランク3	ランク4	ランク5
2,302町丁目 2,302districts (45.1%)	1,623町丁目 1,623districts (31.8%)	807町丁目 807districts (15.8%)	283町丁目 283districts (5.6%)	84町丁目 84districts (1.6%)

南関東で今後30年以内にマグニチュード7.0以上の地震が発生する確率は**70%**といわれている（平成16年文部科学省／地震調査研究推進本部地震調査委員会）。

このような大地震がもし東京に来たらどうなるか。『首都直下地震による被害想定』（平成18年度東京都防災会議）によると、最大で、揺れによる建物倒壊が**約13万棟**、火災による焼失が**約35万棟**、死傷者は**約17万人**にも達し、区部の木造住宅密集地域（**木密地域**）を中心に大きな被害が発生するとされている。

首都直下地震による被害想定（主な被害を抜粋）

条件	規 模	東京湾北部地震マグニチュード7.3		
	時期及び時刻	冬の朝5時	冬の夕方18時	
	風 速	6m／秒	6m／秒	15m／秒
人的被害	死　者	4,530人	5,638人	6,413人
	原因別　ゆれ液状化による建物倒壊	3,060人	1,737人	1,737人
	地　震　火　災	1,211人	2,742人	3,517人
	そ　の　他	259人	1,159人	1,159人
	負　傷　者	163,301人	159,157人	160,860人
	原因別　ゆれ液状化による建物倒壊等	152,582人	127,973人	127,973人
	地　震　火　災	10,284人	15,336人	17,039人
	そ　の　他	435人	15,848人	15,848人
物的被害	建　物　被　害	199,814棟	436,539棟	471,586棟
	原因別　ゆれ液状化による建物倒壊	126,523棟	126,523棟	126,523棟
	地　震　火　災	73,291棟	310,016棟	345,063棟

資料：首都直下地震による東京の被害想定報告書（東京都防災会議／2006）

木造住宅密集地域の現状

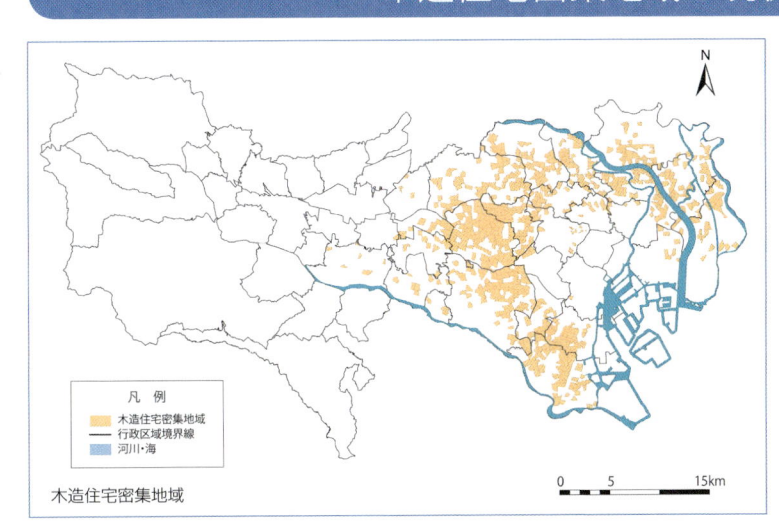

「地震に関する地域危険度測定調査」によると、地震の揺れで発生した火災の延焼により大きな被害を受ける可能性の高い地域は、JR山手線と環状7号線の間に集中している。これらの地域の多くが、老朽化した木造住宅が密集する、「木造住宅密集地域」である。

大きな被害が予測される木造住宅密集地域 | 57

木造住宅密集地域は、戦後の急速な市街化などにより形成され、今日に至っても、次のような防災上の課題を抱えている。

- 新耐震基準（昭和56年）以前に建築された木造建築物が多い。
- 狭あい道路や行き止まり道路が多いなど、道路や公園等の都市基盤が不十分。
- 狭小な敷地や道路に接していない敷地が多く、建物の更新が進まない。

木密地域の改善には、**建物の不燃化・耐震化**と**道路や公園などの整備**が効果的である。

木造住宅密集地域を安全にする効果的な取り組み

都市計画道路の整備の例
木造住宅密集地域内で、市街地火災の延焼防止に効果のある都市計画道路を整備

整備前　　整備後

建物の共同化の例
未接道等により建替えが困難な地区で、地元住民が自治体の助成制度を活用し、共同建替えを実施

整備前　　整備後

不燃建物への建替えの例
自治体の助成制度を活用し、木造建築物を準耐火建築物に建替え

整備前　　整備後

住宅の耐震診断・改修の例
自治体の助成制度を活用し、木造住宅の耐震補強を実施

※各助成制度については、お住まいの各自治体にお問い合わせ下さい。

大きな被害が予測される木造住宅密集地域

大地震完全対策マニュアル

地震から身を守るために（東京消防庁）

震災時には大切な命を守るため、適切な行動をとることが大切です。

地震時の身の安全の図り方

安全スペースへの退避
[緊急地震速報を受けたとき]

重量物から離れ、慌てずに安全スペースへ避難し、身の安全を図る。

安全スペース：なるべく家具等を置かない寝室や廊下、ミーティングエリアなど

地震時の身の安全の図り方

テーブルの下や、物が「倒れてこない」、「落ちてこない」、「移動してこない」空間に身を寄せ、姿勢を低くする。

テーブルなどの足を保持して身の安定を図る。手すりがある場合には、手すりにつかまって（手すりがない場合は、四つん這いになる）姿勢を低くする。

安定がなくなり、座ったまま転倒する可能性があるので、完全には座らない。

事前にできる身を守る住まいづくり

家具類の配置

家具類が転倒・落下・移動しても、避難に支障がなくけがをしないような家具の配置をしましょう。座る場所や寝る場所の付近では、背の高い家具類は避ける方がいいでしょう。

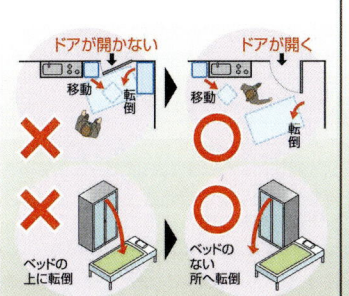

家具類の転倒・落下防止

家具やテレビ、パソコンなどを固定し、転倒や落下防止措置をしておきましょう。また、就寝中の地震発生に備えて寝室の家具は、優先的に転倒防止対策を実施しましょう。重いものは、下に収納することで家具の重心が低くなり転倒しにくくなります。

[家具類の転倒・落下防止対策の例]

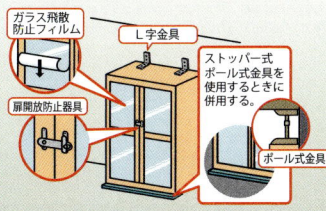

家具類の移動防止　高層階注意！

高層階では、低層階に比べ揺れが大きくなる傾向があり、家具類の転倒・落下に加え、家具類の「移動」が発生します。家具類の移動で、「挟まれる」「ぶつかる」ことによるけがや、避難経路が塞がれるなど避難障害が生じる可能性があります。頻繁に移動する家具類は、キャスターをロックし、壁と着脱式ベルトなどで連結、あまり移動しないキャスター付き家具類は、キャスターに下皿を敷き、さらに転倒防止対策をしましょう。

東京消防庁による地震その時10のポイント

東京消防庁では地震時に身の安全を図り、適切に行動するための10のポイントを挙げています。

地震時の行動

ポイント1 地震だ！まず身の安全

揺れを感じたり、緊急地震速報を受けた時は、身の安全を最優先に行動する。
丈夫なテーブルの下や、物が「落ちてこない」「倒れてこない」「移動してこない」空間に身を寄せ、揺れがおさまるまで様子を見る。

高層階（概ね10階以上）での注意点
高層階では、揺れが数分続くことがある。大きくゆっくりとした揺れにより、家具類が転倒・落下する危険に加え、大きく移動する危険がある。

地震直後の行動

ポイント2 落ちついて火の元確認 初期消火
火を使っている時は、揺れがおさまってから、あわてずに火の始末をする。出火した時は、落ちついて消火する。

ポイント3 あわてた行動けがのもと
屋内で転倒・落下した家具類やガラスの破片などに注意する。瓦、窓ガラス、看板などが落ちてくるので外に飛び出さない。

ポイント4 窓や戸を開け出口を確保
揺れがおさまった時に、避難できるよう出口を確保する。

ポイント5 門や塀には近寄らない
屋外で揺れを感じたら、ブロック塀などには近寄らない。

東京消防庁から
「地震 その時10のポイント」について 〜東日本大震災を踏まえて〜

「身の安全を図る」ことの必要性
都民のみなさまへのアンケート調査などの結果から、地震発生時に最も重要となる身の安全を図ることより、火の元を確認するなど揺れが収まってからとるべき行動が優先されていることがわかりました。
また、緊急地震速報の普及により、揺れを感じる前に身を守る行動をとる必要があることからも、まずは「身の安全を図る」ことをみなさんが広く理解し地震の際に適切に行動していただけるよう見直しました。
東日本大震災後に行った都内の住宅や事業所における家具などの転倒に関する調査によると、特に高層階では、転倒・落下に加え、「移動」が多く発生しました。今後予想される首都圏での地震においては、新たに長周期地震動による高層階での被害が予想されることからその注意点を追加しました。

確実な避難行動の必要性
東日本大震災では、津波により多くの貴重な命が失われる一方、適切な避難行動によって津波の難から逃れた人もいました。地震に伴い発生する大規模火災・津波などからの避難について新たに追加しました。

地震後の行動

ポイント6 火災や津波 確かな避難

地域に大規模な火災の危険がせまり、身の危険を感じたら、一時集合場所や避難場所に避難する。沿岸部では、大きな揺れを感じたり、津波警報が出されたら、高台などの安全な場所に素早く避難する。

- 避難場所：地震などによる火災が発生し、地域全体が危険になったときに避難する場所
- 一時(いっとき)集合場所：近隣の人が一時的に集合する場所

ポイント7 正しい情報 確かな行動
ラジオやテレビ、消防署、行政などから正しい情報を得る。

ポイント8 確かめ合おう わが家の安全 隣の安否
わが家の安全を確認後、近隣の安否を確認する。

ポイント9 協力し合って 救出・救護
倒壊家屋や転倒家具などの下敷きになった人を近隣で協力し、救出・救護する。

ポイント10 避難の前に 安全確認 電気・ガス
避難が必要な時には、ブレーカーを切り、ガスの元栓を締めて避難する。

マグニチュードと震度
地震が起こると報道される「マグニチュード(M)」と「震度」。この2つの数値の違いは？

●マグニチュードとは
地震そのものの大きさを表す単位。Mが0.2上がると地震のエネルギーは約2倍大きくなる。M9はM8の32倍、M7の約1000倍。

●震度とは
地震による各地点の揺れの大きさを表す単位。地震のエネルギー規模・震源地からの距離・地盤条件などで決まる。

震度階
震度は0～7までで、10階級に分けて表す。

震度階級	状況
0	人は揺れを感じない。
1	屋内にいる人の一部が、わずかな揺れを感じる。
2	屋内にいる人の多くが、揺れを感じる。眠っている人の一部が目を覚ます。つり下がった電灯などが、わずかに揺れる。
3	屋内にいる人のほとんどが、揺れを感じる。恐怖感を覚える人もいる。棚にある食器類が音を立てることがある。
4	かなりの恐怖感があり、一部の人は身の安全を図ろうとする。眠っている人のほとんどが、目を覚ます。歩いている人も揺れを感じる。座りの悪い置物が、倒れることがある。
5弱	多くの人が、身の安全を図ろうとする。棚にある食器類や書棚の本が落ちることがある。家具が移動することがある。窓ガラスが割れて落ちることがある。
5強	非常な恐怖を感じる。タンスなど重い家具が倒れることがある。変形によりドアが開かなくなることがある。補強されていないブロック塀の多くが倒れる。自動車の運転が困難となる。
6弱	立っていることが困難になる。固定していない重い家具の多くが移動・転倒し、開かなくなるドアが多い。かなりの建物で壁のタイルや窓ガラスが破損・落下する。耐震性の低い木造住宅は倒壊するものがある。
6強	立っていることができず、這わないと動くことができない。固定していない重い家具のほとんどが移動・転倒し、戸が外れて飛ぶことがある。耐震性の低い木造住宅では、倒壊するものが多い。耐震性の低い鉄筋コンクリート建造物では倒壊するものがある。耐震性の高い建物でも壁や柱が破損するものが多い。
7	揺れにほんろうされ、自分の意志で行動できない。ほとんどの家具が大きく移動し、飛ぶものもある。耐震性の高い建物でも、傾いたり、大きく破壊するものがある。大きな地割れ、地すべりや山崩れなどが発生し、地形が変わることもある。

※「マグニチュードと震度」は東京消防庁による資料ではありません。

東京消防庁による「地震その時10のポイント」

大火災から命を守る広域避難

避難の方法は区市町村ごとに異なるので、あらかじめ問い合わせておこう。

避難する場所

● **一時（いっとき）集合場所**
一時集合場所が指定されている区市町村では、避難場所へ移動する前に、近所の人たちが身近な場所へ一時的に集合し、様子を見る。小中学校・近所の公園など、区市町村が地区ごとに指定している場合が多い。

● **（広域）避難場所**
地震後、火災が燃え広がり市街地大火になったときに、身の安全を確保し、火の勢いが衰えるのを待つ場所。23区の避難場所は、東京都震災対策条例により都が指定している（多摩および島しょ地域では、各市町村が指定）。大火災の危険が少なく、広域的な避難が不要な地域は「地区内残留地区」と指定されている（23区のみ）。

避難所とは

避難場所から自宅に戻ったとき、地震で自宅が倒壊していたり、焼失していたり、倒壊のおそれがあったり、自宅で生活できない場合に、一時的な避難生活を送る場所。各区市町村が災害救助法に基づいて開設する。学校・公民館などの建物を、あらかじめ指定している。

避難するのはこんなとき

● 災害対策本部や消防・警察から避難の勧告や指示があったとき。
● 隣近所で火災が発生し、初期消火に失敗して延焼の危険があるとき。
● 危険物が爆発したり、流出したりするおそれがあるとき。

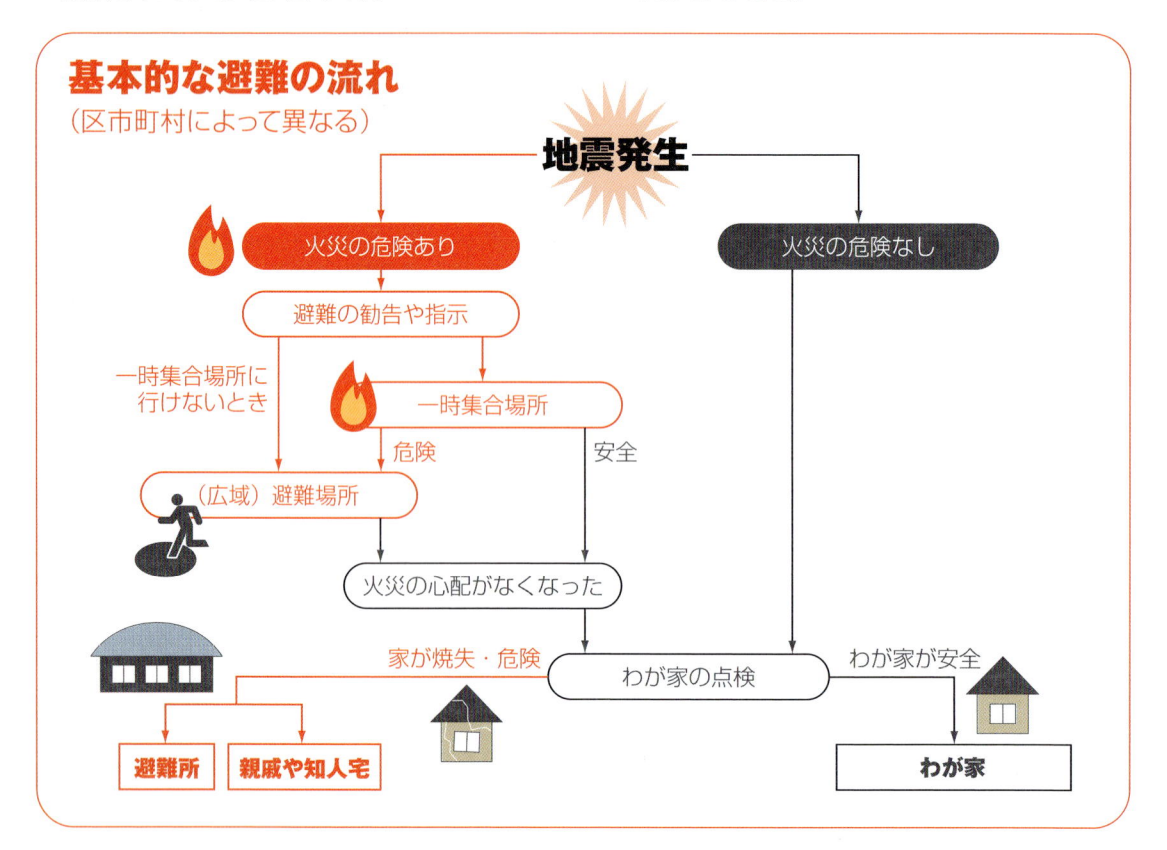

基本的な避難の流れ
（区市町村によって異なる）

地震発生

- 火災の危険あり → 避難の勧告や指示 → 一時集合場所
  - 一時集合場所に行けないとき → （広域）避難場所
  - 危険 → （広域）避難場所
  - 安全 → 火災の心配がなくなった
- 火災の危険なし → わが家の点検
  - 家が焼失・危険 → 避難所／親戚や知人宅
  - わが家が安全 → わが家

62　大火災から命を守る広域避難

避難するときのルール

●電気・ガス・戸じまりの確認
電気のブレーカーを切る。ブレーカーを落とすと、通電火災を防ぐことができる。ガスの元栓をしめる。窓・雨戸・扉などの戸じまりをする。

通電火災とは
転倒した電気器具や被災した建物で損傷した配線に、停電後、電気が回復してきた時に発生する火災のこと。阪神大震災では多発した。

●危険な場所は避ける
狭い路地や壊れかけた建物の周囲など、危険な場所を避ける。火災が発生している場合は、風向きに注意して迂回する。

●徒歩で移動する
避難は徒歩で行う。車・オートバイ・自転車などでの避難は混乱のもとになり、危険なうえ緊急車両の妨げにもなる。歩けないお年寄りなどがいる場合は、車いすやリヤカー、台車などを使って避難する。

●集団で移動する
家族そろって、隣近所で声をかけ合いながら、集団で助け合って行動する。地域の自主防災組織がある場合は、一緒に行動する。お年寄り・乳幼児・障害者・傷病者などの避難には、地域全体で協力する。

災害時要援護者はみんなで守ろう
災害時要援護者とは、お年寄り・乳幼児・障害者など、災害が起こったときに情報の把握や避難、生活の確保などを自分ひとりで行うのが困難な立場の人のこと。災害時要援護者を災害から守るために、家族はもちろん隣近所など地域全体で支援しよう。そのためには、日頃からその人にとってどんな手助けが必要なのかを知っておきたい。地域によっては災害時要援護者の登録制度などの対策を行っている。

●決められた方法で避難する
区市町村により、避難する方法や場所が指定されている。事前に確認しておき、それに従って避難する。

●メモを残す
避難所に避難するのが長期になるときは、どこに避難したか連絡メモを玄関に張る。

避難するときの服装

●靴は、底が丈夫で歩きやすいものを履く。
●頭はヘルメット・防災ずきんなどで保護する。
●衣服は化学繊維でなく、ウールや綿など、火に強く動きやすい素材のものを着用。長袖・長ズボン・手袋などで、素肌を露出させないようにする。
●雨対策や、冬の防寒対策も考える。

避難のときの持ち物

●一時集合場所や（広域）避難場所へ避難するときは、飲料水・食料・救急医薬品類（常備薬）・携帯ラジオ・懐中電灯・携帯電話・現金、その他家族に必要な最小限の非常持ち出し品を持っていく。身元を証明できる防災カードや保険証も身につける。

個人の防災カード ▶ P72

応急危険度判定
地震の後、区市町村が派遣する専門員が建物の余震に対する危険性について調査をし、その判定結果が下のようなステッカーで表示される。これにより、自分の家が当面使用できるか判断する。判定が実施されるのは2、3日〜2週間後。それまでは余震等による2次災害防止のため、壊れたり傾いたりした建物には入らないようにすること。

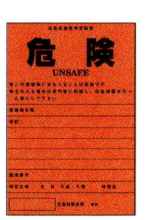

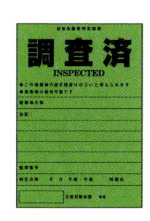

赤：立ち入り禁止　　黄：立ち入る場合は十分注意　　緑：利用可能

大火災から命を守る広域避難　63

自宅以外で地震に遭ったら

遠隔地からの帰宅
東京直下型地震が平日の昼や夕方に起きた場合、帰宅困難者が東京都全体で370万〜390万人にのぼると予測される。こうした外出先での被災にも備えは必要。

昼間に大地震が起こったら

● **交通機関のストップ**
環状7号線の内側、および国道246号線（玉川通り）と多摩川に囲まれたエリアは全面車両通行禁止。高速道路や主要一般道路も、緊急通行車両以外は車両通行禁止。その他、交通機関は全面的にストップする。

● **人々の混乱**
ターミナル駅に人が殺到し、歩いて帰宅する人々で道は混雑し、がれきの散乱した場所では思うように歩けなかったり、途中で建物の崩壊や火災に巻き込まれたりする危険もある。安否確認の電話が集中する。

帰宅困難者とは

● 職場や学校、買い物先など自宅から遠いところで地震に遭い、交通機関の停止等で帰宅したくても帰宅できない人を指す。下の予想数では、歩く距離が10km以内だと全員帰宅可能、10〜20kmだと1km遠くなるごとに10％ずつ人数が減り、20km以上だと全員翌朝までの帰宅が不可として想定している。

帰宅困難者発生予想数
滞在目的別（業務、学校、私事等）に算出した人数を合計した数。（単位：人）

千代田区	570,885	中野区	41,581
中央区	381,583	杉並区	56,586
港区	467,289	豊島区	158,662
新宿区	350,545	北区	54,679
文京区	125,097	荒川区	32,556
台東区	123,287	板橋区	62,240
墨田区	57,986	練馬区	39,821
江東区	125,245	足立区	47,664
品川区	157,478	葛飾区	31,615
目黒区	60,982	江戸川区	42,669
大田区	122,534	23区合計	3,457,113
世田谷区	114,793	多摩地区	461,246
渋谷区	231,343	総計	3,918,359

『首都直下地震による東京の被害想定報告書』（東京都防災会議／2006）より

日頃から準備しておくもの

外出時や職場に、次のものを準備するとよい。

● **スニーカー**
革靴やヒールでは長く歩けない。

● **携帯ラジオ**
デマに惑わされないよう状況を確認。

● **防寒着・手袋・タオル・ティッシュなど**
季節や昼夜を考えて装備する。

● **地図・方位磁石**
本書などで避難や帰宅のルートを確認。

● **懐中電灯**
夜には必須。

● **簡易食料・飲料水**
水は必ずストックしておきたい。

安全な徒歩帰宅のための自助心得10か条
① 耐震補強、家具の固定で家族は安全、職場も安全
② 171、携帯メール伝言板、複数の安否確認ひと安心
③ 職場にも、1日分の水・食料と携帯トイレ
④ 正確な情報収集、落ち着いて
⑤ あわてず、騒がず、時差帰宅
⑥ 日頃から、帰宅経路をシミュレーション
⑦ 携帯も、ラジオも、必ず予備電池
⑧ 助け合い、励まし合って徒歩帰宅
⑨ スニーカー、小さなリュックに介護オムツと傘入れて
⑩ 途中での支援（トイレ・個室）に感謝、無事帰宅

出典：内閣府（中林提案）

帰宅のポイント

● **あわてて帰宅しない**
強い余震も予想され、火災などの状況によっては一晩待つことも必要。帰宅の方法・帰宅所要時間・ライフラインや備蓄の状況も考慮して、帰宅時期を判断したい。そのためにも家族間の安否確認の方法を決めておく。

● **情報を入手する**
都内広域情報は、テレビ・ラジオ・新聞のほか、東京都のホームページでも入手可能。区市町村内の情報は、防災行政無線放送・ケーブルテレビ・ラジオなどで入手できる。

家族への連絡

帰宅が困難になった際、重要なのは安否情報の伝達。急いで帰宅しようとすると事故に遭う危険が高い。家族間で事前に通信手段を決めておきたい。

電話

- 公衆電話は災害時でもかかりやすい。
- 被災地から被災地外への電話は比較的かかりやすいため、遠隔地の親戚や知人を家族全員の連絡中継地に決めておくことも有効。

携帯電話のメール

- 被災者は、自分の状況などのメッセージを携帯電話のメールで家族や知人に送信する。時間はかかっても必ず相手に伝わる。

災害用伝言ダイヤル

- NTTが提供する「災害用伝言ダイヤル」サービスでは、被災地の人が安否情報を録音し、その他の地域の人などが再生して聞くことができる（保存は2日間）。
- 伝言の録音・再生は被災地内の固定の電話番号を利用するので、連絡を取り合う家族・知人の間で、あらかじめその電話番号（自宅の電話番号など）を決めておく。
- ダイヤルは「忘れてイナイ（171）」と覚える。

災害用伝言ダイヤル

※加入電話・公衆電話・携帯電話・INSネット・ひかり電話・災害時にNTTが避難所などに設置する特設公衆電話から利用可能。

利用方法

● 伝言の録音方法 ●
1. 「171」にダイヤルする。
2. 「1」をダイヤルする。
3. 自分の電話番号をダイヤルし、ガイダンスに従い録音する。

● 伝言の再生方法 ●
1. 「171」にダイヤルする。
2. 「2」をダイヤルする。
3. 安否情報等を確認したい相手の電話番号をダイヤルする。

iモード災害用伝言板サービス

- 震度6弱以上の地震などの大規模災害が発生した場合、iモードの利用者は「iMenu」のトップに追加表示される「災害用伝言板」で、自分の安否情報などのメッセージを登録できる。
- 登録したメッセージは、iモードサービスだけでなく、他社の携帯電話・PHS・パソコンのインターネットを利用して、全国から確認できる（http://dengon.docomo.ne.jp/top.cgi にアクセス）。
- EZweb・ボーダフォンライブ！でも「災害用伝言板サービス」を行っており、iモードと相互リンクしている。

iモード災害用伝言板サービス

※毎月1日にメッセージの登録・確認を体験できる。

伝言の登録

iMenuのトップページから**災害用伝言板**を選択（大規模な災害が発生したときに表示される）
↓
安否の登録を選択（最大10件まで登録可能）
↓
状態を4種類（「無事です。」・「被害があります。」・「自宅に居ます。」・「避難所に居ます。」）から選択。最大100文字までコメント入力可能
↓
登録を選択（携帯電話番号・登録日時は自動登録される）
↓
登録完了

伝言の確認

iMenuのトップページから**災害用伝言板**を選択（大規模な災害が発生したときに表示される）
↓
安否の確認を選択
↓
安否を確認したい人の**携帯電話番号**を入力し、**検索**を選択
↓
確認したい安否情報を選択
↓
登録されている状態とコメントを見る

命を守る応急対処法

心肺蘇生法
心停止で意識を失った場合、10分以内に蘇生法を行うことが大切。

C Circulation 心臓マッサージ（胸骨圧迫）
A Airway 気道確保
B Breathing 人工呼吸（省略可能）
+
D Defibrillation 除細動

心臓に電気ショックを与える「除細動」は、**AED**を使えば誰でもできる手当です。

※窒息、溺水、小児の心停止などの場合は、人工呼吸を組み合わせることが望ましいとされています。

心臓疾患による突然死は、皆さんで防げます！

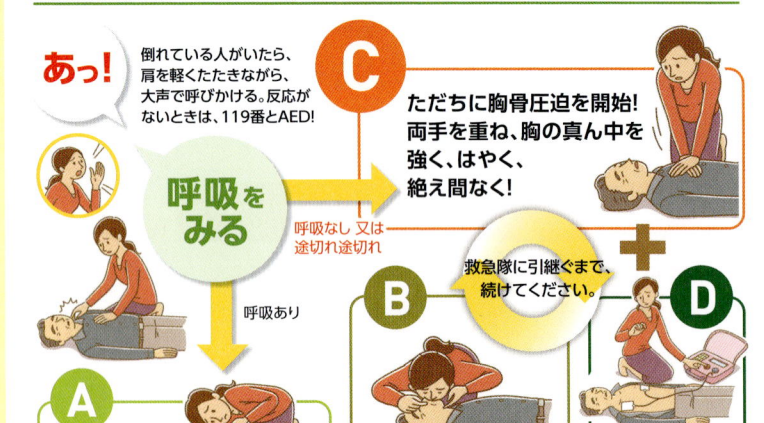

あっ！ 倒れている人がいたら、肩を軽くたたきながら、大声で呼びかける。反応がないときは、119番とAED！

呼吸をみる

呼吸なし 又は 途切れ途切れ

C ただちに胸骨圧迫を開始！両手を重ね、胸の真ん中を強く、はやく、絶え間なく！

救急隊に引継ぐまで、続けてください。

A 呼吸あり　普段どおりの呼吸があるときや、人工呼吸をするときは、気道確保を行う。

B 人工呼吸ができる場合は、気道確保して胸骨圧迫と人工呼吸を30:2で

D AEDが到着したら、電気ショック。**患者から離れて。**

AEDについて

AEDは誰でも使える

AEDは音声で指示
AEDは音声で指示を出してくれるので医学の知識がなくても使えます。電気ショックの必要があるかどうかも、AEDが判断しますので、指示に従えば問題ありません。

AED設置場所はマークで表示
AEDは公共施設などに設置されており、設置場所には右のようなマーク表示があります。　**AED**

年に1回は、心肺蘇生法講習会を受けましょう。詳しくは、医師会、消防署、日赤まで。

いのちを救うチャンスは、わずか10分間。

身近なあなたにかかっています。

心停止で意識を失ったまま10分間放置すると、社会復帰率は10%を切ってしまいます。電気ショックは1分1秒でも早く行なわなければなりません。

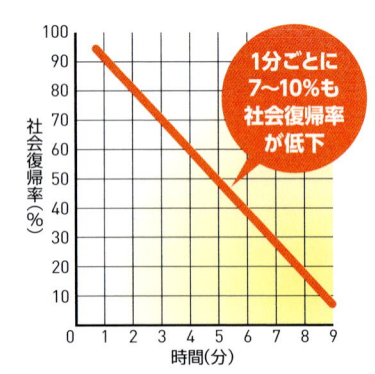

1分ごとに7～10%も社会復帰率が低下

出典: Larsen MP, et al: *Ann Emerg Med* 1993; 22: 1652-1658.

上記は、「大切ないのちを救う心肺蘇生法CAB＋D〔CABDカード〕（日本医師会／2011年発行）」を転載しています。なお、東京消防庁ではAED（自動体外式除細動器）を用いた救命手当について、ホームページの「生活安心情報」内にある「救急アドバイス」で紹介しています（http://www.tfd.metro.tokyo.jp/lfe/kyuu-adv/index.html）。詳しくは、お近くの東京消防庁管内の消防署・消防分署・消防出張所、または公益財団法人 東京防災救急協会 講習受付（電話 03-5276-0995）にお問い合わせください。

家族みんなの防災チェック

わが家の防災会議

家族が別々になったときの安否確認や、協力して乗り切るための役割分担など、月に一度、みんなで確認し合っておくようにする。

住宅の危険個所

- **家屋**
  自宅の耐震性をチェックし、皆で自宅の点検。家屋の危険個所の修理や補強の方法を考える。
- **室内**
  家具の転倒や落下を防ぐ方法、家具の配置換えプランなど、家の中の安全対策を話し合う。消火用具の備えや使い方も確認しておく。

家の周りの危険個所

- がけ・よう壁（崖や盛り土が崩れるのを防ぐための壁）・ブロック塀・狭い路地など、周囲の危険な環境について確認し合っておく。

避難場所・経路の確認

- 家族の一時集合場所や避難場所を確認しておく。
- 皆で安全な避難経路を確認しておき、家族で実際に歩いて下見をしておく。

家族の役割分担

- 日常の災害予防上の役割と災害時の役割の、両方の分担を、昼と夜それぞれ考えておく。
- 備蓄品や非常持ち出し品を置く場所を決めておく。必要なものがそろっているか、食料・水の賞味期限や電池などの使用期限が切れていないか、（子どもの誕生日などに）定期的にチェックする。
- 災害時の役割として、非常用品の持ち出し・呼びかけ・火の元の確認などの分担を決める。
- お年寄りや病人、小さな子どもがいる場合は、誰が保護を担当するか決めておく。
- 不安があったら、隣近所に支援を頼む。

連絡手段の確認

- 家族の会社や学校などの連絡先を確認しておく。伝言を頼む遠くの親戚・知人や、安否メモを張る場所なども決めておく。
- 家族や親戚・知人などの間で、「災害用伝言ダイヤル（171）」、「ｉモード災害用伝言板サービス」などの活用方法も確認し合っておく。

3日間を乗り切るわが家の備蓄リスト

被災当初の3日程度をしのぐ、人数分の備えをしておくこと。
このほかにも、各家庭の状況（乳幼児がいるなど）にあわせて、必要なものを用意する。

食料	□乾パン・クラッカー　□缶詰　□インスタントラーメン　□レトルトご飯　□チョコレート・キャラメルなど
飲料水	□夏は1人1日3リットルが目安（冬は1リットルでも可）
燃料	□カセットコンロ　□カセットガスのストック　□固形燃料　□練炭　□木炭など
生活日用品	□生活用水（洗面や洗濯用）　□携帯用ポリタンク　□毛布・寝袋　□ビニール袋　□ビニールシート　□洗面用具　□ドライシャンプー　□せっけん　□タオル（大・小）　□食器セット　□キッチン用ラップ　□ウェットティッシュ　□下着　□生理用品　□帽子　□使いすてカイロ　□携帯トイレ　□トイレットペーパー　□布製ガムテープ　□さらし　□万能ナイフ　□常備薬（特に治療中の人）　□メガネ・コンタクト　□懐中電灯　□携帯ラジオ　□予備の電池　□バケツ　□スコップ　□ロープ　□裁縫セット　□雨具　□メモ用紙・筆記用具（油性マジックなど）　□地図　□現金　□健康保険証のコピー

防災資料集

耐震診断・改修に関する窓口

安全な住まいづくりは地震対策の第一歩。まずは相談を。

都区市町村	相談窓口	窓口の名称／担当係（場所）	電話番号（内線）	備考
東京都	都市整備局　市街地建築部　建築企画課	耐震化推進係（都庁第二庁舎3階）	03-5388-3362	・耐震診断を実施している機関の紹介　・耐震診断に関するDVDの貸出 ・耐震改修促進法の認定、その他耐震診断・改修の相談
	都市整備局　住宅政策推進部　マンション課	マンション耐震化係（都庁第二庁舎20階）	03-5320-4944	・マンションの耐震化に関する相談
東京都（所管の市：国立・東大和・武蔵村山・昭島・狛江・稲城・多摩）	多摩建築指導事務所　建築指導第一課	構造設備係（立川合同庁舎分庁舎1階）	042-548-2067	・耐震改修促進法の認定、その他耐震診断・改修の相談
東京都（所管の市：西東京・小平・東久留米・東村山・清瀬・小金井）	多摩建築指導事務所　建築指導第二課	構造設備係（小平合同庁舎1階）	042-464-0020	・耐震改修促進法の認定、その他耐震診断・改修の相談
東京都（所管の市：福生・青梅・あきる野・羽村・瑞穂・日の出・檜原・奥多摩）	多摩建築指導事務所　建築指導第三課	構造設備係（青梅合同庁舎3階）	0428-23-3793	・耐震改修促進法の認定、その他耐震診断・改修の相談
東京都	㈳東京都建築士事務所協会	建築相談（東京都建築士事務所協会）	03-5339-8288	・要事前電話予約（月～金）
千代田区	まちづくり推進課　建築指導係	建築審査主査（構造担当）（区役所5階）	03-3264-2111（2824）	・耐震改修促進法の認定 ・耐震診断助成、耐震改修助成の相談、受付 　その他耐震改修全般の相談
中央区	都市整備部　建築課	構造係（区役所5階）	03-3546-5459	・耐震診断・改修等の助成事業　・木造建築物の無料簡易耐震診断の実施 ・耐震改修促進法の認定、その他耐震診断・改修の相談
港区	街づくり支援部　都市計画課	住宅支援係（区役所6階）	03-3578-2346	・耐震診断・改修等の助成事業　・木造建築物の無料簡易耐震診断事業 ・分譲マンションの耐震化支援事業（耐震アドバイザー相談・簡易診断）
新宿区	都市計画部　地域整備課	耐震担当（区役所8階）	03-5273-3829	・木造住宅の無料予備耐震診断の実施 ・非木造建築物のアドバイザー派遣、無料簡易耐震診断の実施 ・木造住宅・非木造建築物の耐震診断、補強設計、改修工事等に対する補助
文京区	都市計画部　建築課	構造担当（シビックセンター18階）	03-5803-1264	・耐震改修促進法の認定 ・木造家屋簡易耐震診断（無料）の実施
	都市計画部　地域整備課	住環境整備担当（シビックセンター18階）	03-5803-1374	・耐震診断・耐震改修設計・耐震改修費用の助成 ・耐震に関する相談
台東区	都市づくり部　建築課	構造・設備係（構造担当）（区役所5階）	03-5246-1335	・耐震助成を含めた対応
	都市づくり部　建築課	企画調査係　無料建築相談室（区役所5階）	03-5246-1340	月1回（第1木曜日）　・㈳東京都建築士事務所協会台東支部協力
墨田区	都市計画部　建築指導課	耐震化担当（区役所9階）	03-5608-6269	・木造住宅無料耐震相談　・耐震診断助成 ・木造住宅の耐震改修助成事業　・分譲マンション・沿道建築物助成事業
	㈳東京都建築士事務所協会墨田支部	無料建築相談（区役所1階ロビー）	03-5608-1111（3956）	・原則毎月第3金曜日
江東区	都市整備部　建築課	構造係（区役所5階）	03-3647-9745	・耐震改修促進法の認定
	都市整備部　建築調整課	指導係（区役所5階）	03-3647-9217	・耐震化アドバイザー派遣 ・木造戸建住宅、非木造建築物の耐震改修等助成事業
	都市整備部　住宅課	住宅指導係（区役所5階）	03-3647-9473	・住宅修築資金融資あっせん制度
	㈳東京都建築事務所協会江東支部	建築相談（区役所2階ロビー）	03-3647-9764	・毎月第2水曜日（8月、2月は第1水曜）　13時～15時
品川区	防災まちづくり事業部	耐震化促進担当（区役所第二庁舎4階）	03-5742-6634	・住宅等耐震診断・耐震補強設計・耐震改修工事等支援事業
目黒区	都市整備部　建築課	耐震化促進係（区役所総合庁舎6階）	03-5722-9490	・耐震診断・耐震改修の助成　・耐震診断・耐震改修に関する相談
		構造設備係（区役所総合庁舎6階）	03-5722-9647	・耐震改修促進法の認定
大田区	まちづくり推進部　都市開発課	防災まちづくり担当（区役所本庁舎7階）	03-5744-1349	・耐震診断・改修に関わる一般的な相談　・耐震診断・耐震改修助成事業
	まちづくり推進部　建築審査課	構造審査担当（区役所本庁舎7階）	03-5744-1389	・耐震改修の計画の認定
	まちづくり推進部　住宅課	住宅担当（区役所本庁舎7階）	03-5744-1343	・住宅修築資金融資あっせん制度の相談　・住宅リフォーム助成事業の相談
	産業経済部　産業振興課	融資係（産業プラザPio2階）	03-3733-6185	・耐震改修のための中小企業融資あっせん相談
世田谷区	都市整備部　建築調整課	耐震促進担当（区役所第1庁舎4階）	03-5432-1111（2468）	・耐震改修促進法の認定　・耐震診断、改修の助成事業 ・耐震診断・改修の相談
渋谷区	都市整備部　まちづくり課	防災まちづくり係（区役所合同庁舎6階）	03-3463-2647	・耐震診断、耐震改修等助成についての相談 ・耐震改修促進法に係わる認定の相談
	都市整備部　まちづくり課	耐震相談会（渋谷区役所6階ほか）	03-3463-2647	・専門家（㈳東京都建築士事務所協会渋谷支部）の協力により無料相談会を実施。日程、会場は区広報にて告知
	都市整備部　都市計画課	都市計画係（区役所6階）	03-3463-2619	・耐震改修のための融資あっせんについての相談
中野区	都市基盤部　建築分野	耐震化促進担当（区役所9階）	03-3228-5576	・耐震改修促進法に係る認定　・耐震改修全般の相談
	都市基盤部　都市計画分野	住宅融資担当（区役所9階）	03-3228-5581	・耐震改修のための融資あっせんについての相談の窓口
	都市基盤部防災・都市安全分野	地域防災担当（区役所8階）	03-3228-8930	・防災ベッド設置助成の相談
杉並区	都市整備部　建築課	耐震化促進担当（区役所本庁舎3階）	03-3312-2111（3328）（3329）	・耐震改修促進法の認定及び耐震改修に対する助成など耐震関係全般
		耐震診断・耐震改修相談会（区役所1階ロビー）		・耐震診断及び耐震改修について、専門家による無料相談会を毎月1回実施。日程は区広報にて告知
		建物総合無料相談会（区役所1階ロビー）		・耐震を含む建物一般について、専門家㈳東京都建築士事務所協会杉並支部）による無料相談会を毎週火曜日（年末年始及び祝日を除く）、午後1時から4時まで実施
	都市整備部　住宅課	住宅施策推進係（区役所西棟5階）	03-3312-2111（3532）	・耐震改修のための融資あっせんについての相談
豊島区	都市整備部　建築指導課	許可・耐震グループ（豊島区役所グレイスロータリービル庁舎2階）	03-3981-0590	・耐震改修促進法の認定、耐震診断、耐震改修の助成制度についての相談
北区	まちづくり部　建築課	構造設備係（区役所一庁舎7階）	03-3908-9176	・耐震改修促進法についての相談
		建築防災係（区役所一庁舎7階）	03-3908-1240	
	まちづくり部　住宅課	住宅計画係（区役所一庁舎7階）	03-3908-9201	・マンションの耐震改修支援についての相談
荒川区	都市整備部　建築課	構造・設備審査係（区役所6階）	03-3802-3111（2847）	・耐震改修促進法の認定についての相談
	都市整備部　住環境整備課	建築相談係（区役所6階）	03-3802-3111（2826）	・耐震改修全般についての相談
板橋区	都市整備部　市街地整備課	防災まちづくり（区役所仮庁舎7階）	03-3579-2554	・木造住宅耐震化の窓口相談　・木造住宅の耐震診断、改修工事の助成 ・おとしより世帯等を対象とした、木造住宅簡易耐震診断の実施
	都市整備部　建築指導課	構造グループ（区役所仮庁舎7階）	03-3579-2579	・非木造建築物耐震化の窓口相談 ・非木造建築物の耐震診断、改修工事の助成がある。 ・建築士等の耐震化アドバイザーの派遣
	政策経営部　広聴広報課　区民相談室	建築相談（板橋区情報処理センター4階）	03-3579-2288	要事前の電話予約

都区市町村	相談窓口	窓口の名称/担当係（場所）	電話番号（内線）	備考
練馬区	都市整備部　建築課	建築安全係 （区役所本庁舎15階）	03-5984-1938	・耐震相談窓口 ・建築物に対する耐震診断・実施設計・耐震改修工事経費の一部を助成 ・耐震化の相談
	都市整備部　建築審査課	構造係（区役所本庁舎15階）	03-5984-1934	・耐震改修促進法の認定の相談
	㈳東京都建築士事務所協会 練馬支部	建築相談（練馬区役所）	03-3993-1111	・毎月第4月曜日　10時～14時
足立区	都市建設部　建築室建築調整課	建築防災係（区役所中央館4階）	03-3880-5317	・耐震改修促進法の認定、その他耐震改修全般についての相談
葛飾区	都市整備部　建築課	指導係（区役所3階）	03-5654-8552	・耐震改修促進法の認定、その他耐震改修全般の相談
	㈳東京都建築士事務所協会 葛飾支部	建築相談（葛飾区役所）	03-3695-1111	
江戸川区	都市開発部住宅課	計画係（区役所北棟2階）	03-5662-6387	・耐震改修促進全般の相談
	都市開発部建築指導課	構造係（区役所第三庁舎1階）	03-5662-1106	・耐震改修促進法の認定等の相談
八王子市	まちなみ整備部　建築指導課	指導相談担当（市役所5階）	042-620-7264	・耐震改修促進法の認定その他耐震改修関係の相談
	まちなみ整備部　住宅対策課	総務担当（市役所5階）	042-620-7260	・木造住宅（個人）に対する耐震診断・改修の相談、案内、助成制度の受付
立川市	市民生活部　住宅課	住宅相談係（市役所2階）	042-523-2111 (2562)	・木造住宅の耐震診断・耐震改修補助制度の受付窓口
	都市整備部　建築指導課	構造係（市役所2階）	042-523-2111 (2349、2350)	・耐震改修促進法に基づく認定
武蔵野市	都市整備部　住宅対策課	（市役所4階）	0422-60-1905	・既存建築物の耐震性について構造専門家による相談窓口（要予約）を開設 ・耐震診断、耐震改修に対する助成制度の相談
	都市整備部　建築指導課	構造設備係（市役所4階）	0422-60-1877	・耐震改修促進法の認定の相談
三鷹市	都市整備部　建築指導課	構造設備係（市役所第二庁舎1階）	0422-45-1151 (2825)	・耐震改修促進法に基づく認定
	都市整備部　まちづくり推進課	住宅政策担当（市役所本庁舎5階）	0422-45-1151 (2867)	・木造住宅（個人）に対する耐震診断・改修の相談、案内、助成制度の受付
青梅市	都市整備部　住宅課	住宅政策担当（市役所5階）	0428-22-1111 (2533)	・木造住宅耐震化補助に関する窓口
府中市	都市整備部　建築指導課	住宅耐震化推進係（市役所東庁舎8階）	042-335-4173	・耐震改修全般についての相談 ・木造住宅耐震診断・耐震改修等助成制度の受付窓口
		構造設備係（市役所東庁舎8階）	042-335-4417	・耐震改修促進法の認定
昭島市	都市計画部　都市計画課	住宅係（市役所2階）	042-544-5111 (2264)	・木造住宅耐震診断・耐震改修補助制度の受付窓口
	保健福祉部　生活福祉課	福祉推進係（市役所1階）	042-544-5111 (2122)	・耐震シェルター等設置費補助の受付窓口
調布市	都市整備部　住宅課	住宅係（市役所7階）	042-481-7545	民間住宅の耐震診断、改修の助成に関する窓口
	都市整備部　建築指導課	構造係（市役所8階）	042-481-7516	耐震改修促進法の認定。耐震診断、改修の技術的指導・助言
町田市	都市づくり部　建築指導課	指導係（中町第3庁舎2階）	042-709-0589	・耐震改修促進法の認定
	都市づくり部　住宅課	（中町第3庁舎1階）	042-709-0579	・木造住宅の耐震診断、耐震改修費用の助成 ・分譲マンションの耐震診断、耐震改修費用の助成
小金井市	都市整備部まちづくり推進課	住宅係（市役所第2庁舎5階）	042-387-9861	・木造住宅の耐震診断・耐震改修費用の助成窓口 ・建築士による無料耐震相談（月1回）
小平市	市民生活部　防災安全課	防災安全係（市役所3階）	042-346-9519	・木造住宅の耐震診断経費の助成の受付 ・木造住宅の耐震改修経費の助成の受付
日野市	まちづくり部　建築指導課	管理係（市役所分庁舎）	042-587-6211	・耐震改修促進法の認定 ・木造住宅耐震診断補助制度及び簡易耐震調査の受付窓口
	まちづくり部　都市計画課	計画係（市役所3階）	042-585-1111 (3111)	・木造住宅耐震改修助成等に関する受付窓口
東村山市	市民部　防災安全課	（市役所4階）	042-393-5111 (2583)	・木造住宅耐震診断講習終了者名簿の閲覧 ・NPO法人（UD東村山会議）による無料建築相談の紹介
国分寺市	都市建設部　都市計画課	都市計画担当（市役所第二庁舎2階）	042-325-0111 (455、456)	・木造住宅耐震診断・耐震改修補助事業の相談・受付
	市民生活部　経済課	経済振興係（市役所第一庁舎2階）	042-325-0111 (393)	・住宅改修資金融資あっせん窓口
国立市	都市振興部　地域整備課	まちづくり推進・用地担当（市役所3階）	042-576-2111 (384)	・木造住宅耐震診断助成制度の窓口 ・木造住宅耐震改修助成制度の窓口 ・分譲マンション耐震診断助成制度の窓口
福生市	都市建設部　施設課	建築グループ（市役所第1棟3階）	042-551-1972	・無料で木造住宅の簡易耐震診断を実施
	都市建設部　まちづくり計画課	計画グループ（市役所第1棟3階）	042-551-1952	・木造住宅耐震診断助成金交付制度の窓口 ・木造住宅耐震改修助成金交付制度の窓口
狛江市	建設環境部　都市整備課	企画計画係（市役所5階）	03-3430-1111 (2541、2542)	・木造住宅耐震診断・耐震改修助成制度に関する窓口 ・分譲マンションの耐震診断助成制度に関する窓口
東大和市	建設環境部　都市計画課	地域整備係（市役所2階）	042-563-2111 (1262)	・木造住宅耐震診断、改修助成制度の受付窓口
清瀬市	総務部　防災安全課	防災係（市役所2階）	042-492-5111	・木造住宅耐震診断助成の窓口
東久留米市	都市建設部　施設管理課	建築営繕係（市役所5階）	042-470-7777 (2625)	・木造住宅耐震診断助成金制度の窓口
武蔵村山市	企画財務部　秘書広報課	建築相談（市役所4階）	042-565-1111 (376)	・耐震化を含めて建築全般について相談（3日前までの予約制）
	総務部　防災安全課	災害対策グループ（市役所3階）	042-565-1111 (333)	・木造住宅の耐震診断、改修助成窓口
	都市整備部　都市計画課	計画グループ（市役所2階）	042-565-1111 (273)	
多摩市	都市環境部　都市計画課	住宅政策担当（東庁舎2階）	042-338-6717	・木造住宅耐震診断助成　・木造住宅耐震改修助成 ・非木造住宅耐震診断助成
稲城市	消防本部　警防課	診断相談（消防署2階）	042-378-2111 (739)	・木造住宅耐震診断助成窓口
	生活環境部　経済課	改修費用貸付（市役所庁舎2階）	042-378-2111 (272)	・生活資金融資あっせん窓口
	都市建設部　都市計画課	住宅相談（市役所庁舎3階）	042-378-2111 (328)	・住宅に関する相談窓口
羽村市	建設部　建築課	建築係（市役所西庁舎2階）	042-555-1111 (254)	・木造住宅耐震診断・耐震改修補助制度の受付窓口
あきる野市	都市整備部　都市計画課	指導係（市役所3階）	042-558-1111 (2713)	・木造住宅耐震診断・耐震改修助成制度の受付窓口
西東京市	都市整備部　都市計画課	住宅対策係（保谷庁舎5階）	042-438-4051	・無料で木造住宅の簡易診断を実施（月1回予約制） ・木造住宅（個人）に対する耐震診断・改修の相談、助成制度の受付
瑞穂町	住民部地域課	安全係（町役場2階）	042-557-7610	
日の出町	まちづくり課	都市計画係（町役場2階）	042-597-0511 (351、352)	・木造住宅耐震診断補助制度の受付窓口
檜原村	産業環境課	建設係（村役場1階）	042-598-1011	
奥多摩町	地域整備課	施設係（町役場地下1階）	0428-83-2367	

耐震診断・改修に関する窓口 | 69

東京の防災学習・体験施設

地震の揺れや消火を体験したり、地域の情報を得ることができる。

名称	住所	電話番号（内線）	開館時間	休館日	交通
新宿区立防災センター	新宿区市谷仲之町2-42	03-5361-2460	9:00～16:00	火曜・祝日（火曜が祝日の場合翌日も休館）・年末年始	地下鉄曙橋駅から徒歩5分
本所防災館	墨田区横川4-6-6	03-3621-0119	9:00～17:00	水・第3木曜（祝日の場合は翌日）・年末年始	JRほか錦糸町駅・地下鉄ほか押上駅から徒歩10分
品川区防災センター	品川区広町2-1-36 2階	03-5742-6697	9:00～17:00	土・日曜・祝日・年末年始	JRほか大井町駅から徒歩8分 東急大井町線下神明駅から徒歩5分
目黒区防災センター 地震の学習館	目黒区中央町1-9-7	03-5723-8517	9:00～17:00	水・第2木曜（祝日の場合は翌日）・第4土曜（祝日の場合は翌々日）・祝日の翌日・年末年始	東急東横線学芸大学駅から徒歩15分／バスで目黒郵便局前下車徒歩1分 祐天寺駅から徒歩17分／バスで中央町下車徒歩1分
池袋防災館	豊島区西池袋2-37-8	03-3590-6565	9:00～17:00	火・第3水曜（祝日の場合は翌日）・年末年始	JRほか池袋駅（南口、西口、メトロポリタン口）から徒歩5分
北区防災センター 地震の科学館	北区西ケ原2-1-6	03-3940-1811	9:00～17:00	月曜（月曜が祝日の時、翌日も休）・祝日（祝日が土曜の場合は開館）・年末年始	JR上中里駅・地下鉄西ヶ原駅から徒歩5分
荒川区立防災センター 展示コーナー	荒川区荒川2-25-3	03-3803-8711	9:00～17:00	月曜（祝日の場合は直近の平日）・年末年始	地下鉄・京成線町屋駅から徒歩10分 都電荒川線荒川二丁目駅から徒歩2分
立川防災館	立川市泉町1156-1	042-521-1119	9:00～17:00	木・第3金曜（祝日の場合は直後の平日）・年末年始	JR立川駅北口からバス①番②番のりば（全系統）で、立川消防署下車徒歩すぐ
西東京市防災センター	西東京市中町1-5-1	042-464-1311	8:30～17:00	土・日曜・祝日・年末年始	西武池袋線保谷駅から徒歩15分／バスで保谷庁舎下車徒歩すぐ

東京の防災関係機関

日常的な問い合わせは各区市町村の防災担当へ。専門的な分野の問い合わせは下記の機関で対応。

相談内容	相談窓口	電話番号／URL
防災対策一般（総合窓口）	東京都総務局 総合防災部 防災管理課	03-5388-2453
地域危険度に関すること	東京都都市整備局 市街地整備部 防災都市づくり課	03-5320-5123
避難場所（区部）の指定	東京都都市整備局 市街地整備部 防災都市づくり課	03-5320-5123
避難場所（多摩地域）の指定	各市町村防災担当	▶ P52
地盤・液状化等に関する研究	東京都建設局 土木技術支援人材育成センター	03-5683-1533
建築物の耐震診断・改修に関する相談	東京都都市整備局 市街地建築部 建築企画課	03-5388-3362
消防	東京消防庁 企画調整部 広報課 都民の声係（都民相談室）	03-3212-2111（代）
警察	警視庁 警備部 災害対策課 広報担当	03-3581-4321（代）
電気	最寄りの東京電力の営業所	http://www.tepco.co.jp/
都市ガス	最寄りの東京ガス支社	http://www.tokyo-gas.co.jp/
	東京ガスお客さまセンター	0570-002211
電話	最寄りのNTT営業窓口、116	http://www.ntt-east.co.jp/ 116（携帯からは0120-116000）
水道	東京都水道局 総務部 総務課 危機管理担当	03-5320-6313
救急法、奉仕団、救援・救護関係ほか	日本赤十字社東京都支部 事業部 救護課	03-5273-6744

家族みんなの防災メモ

家族の覚え書きをまとめておくと、救助や避難のときに便利。コピーしてそれぞれが保管したい。

▶ 家族の一覧

記入日[　　年　　月　　日]現在

氏名					
続柄					
携帯電話番号					
メールアドレス					
職場名・学校名					
電話番号					
生年月日・年齢	年　月　日　歳	年　月　日　歳	年　月　日　歳	年　月　日　歳	年　月　日　歳
性別・血液型	男・女 RH± 型	男・女 RH± 型	男・女 RH± 型	男・女 RH± 型	男・女 RH± 型
身長・体重	cm　kg	cm　kg	cm　kg	cm　kg	cm　kg
かかりつけの病院					
電話番号					
疾病歴・アレルギー等					
常備薬					
生命保険					
証券番号					
健康保険番号					
社会保険番号					
備考					

▶ 家族の避難場所

- 家族の一時集合場所
- 家族の(広域)避難場所
- 家族の避難所
- 家族の避難マップ

▶ 親戚・知人連絡先

氏名		続柄	
住所			
電話番号			
携帯電話番号			
氏名		続柄	
住所			
電話番号			
携帯電話番号			

▶ 緊急時のための電話番号

役所・役場		ガス	
警察署		水道	
消防署		電話	
電気			

※この用紙をコピーして、ご利用ください。

東京消防庁による「地震その時10のポイント」／大火災から命を守る広域避難／自宅以外で地震に遭ったら／命を守る応急対処法／防災資料集

個人の防災カード

災害時に救助された場合、非常に役立つのが個人記録や連絡先。IDとして、サイフなどに常に入れておくこと。

▶ 個人記録・情報

記入日[　　年　　月　　日]現在

フリガナ		生年月日・年齢	年　　月　　日（満　　歳）
氏名		性別・血液型	男・女　RH±　A B O AB 型
		身長・体重	cm　　　　kg
住所		電話番号	
		メールアドレス	
		携帯電話番号	
本籍地		携帯メールアドレス	
職場名・学校名		住所	
電話番号		メールアドレス	
疾病歴・アレルギー等		常備薬	
かかりつけの病院		身体的特徴 [ほくろ・あざ・キズ等]	
電話番号			
生命保険	会社名	証券番号	
生命保険	会社名	証券番号	
損害保険	会社名	証券番号	（地震保険 あり・なし）
クレジットカード	会社名	クレジット番号	
クレジットカード	会社名	クレジット番号	
銀行口座	銀行名	口座番号	
銀行口座	銀行名	口座番号	
郵便貯金	郵便局名	口座番号	
運転免許証番号			
健康保険番号			
社会保険番号			
パスポート番号			
その他身分証明番号			

▶ 自宅以外の緊急連絡先

フリガナ		住所	
氏名			
続柄			
電話番号		携帯電話番号	
メールアドレス		携帯メールアドレス	

※この用紙をコピーして、ご利用ください。